# 우리 삶을 주관하는 영들

우리 삶을 주관하는 영들

**초판 1쇄 발행** 2026년 2월 13일

**지은이** 이마리
**펴낸이** 장길수
**펴낸곳** 지식과감성#
**출판등록** 제2012-000081호

**교정** 정은솔
**디자인** 김희영, 이호진
**편집** 김희영
**검수** 김지원, 이현
**마케팅** 김윤길

**주소** 서울시 금천구 벚꽃로298 대륭포스트타워6차 1212호
**전화** 070-4651-3730~4
**팩스** 070-4325-7006
**이메일** ksbookup@naver.com
**홈페이지** www.knsbookup.com

ISBN 979-11-392-3081-9(03230)
값 10,000원

# 우리 삶을 주관하는 영들

타고나는
영으로부터

나를 지키고
깨우치는 길

이마리 지음

"내안의 영을 향한 금식과 회개,
운명을 바꾸는 영적 씨름!"

**금식과 회개로 영을 분별하고 끊어 내는,**
**영성훈련의 생생한 기록**

지식과감성#

## 머리말

인간으로 태어날 때 육신 속에 수많은 영들이 같이 세상에 나옵니다.

그 영들은 세상에 나온 직후 바로 자기들의 임무대로 일을 하기 시작합니다.

영이 임무대로 일을 하는 것이 한 사람의 인생이 결정됩니다.

인생을 잘 살게 해주는 영이 있는 사람은 잘 살게 되고, 또한 인생을 어렵고 힘들게 해야 하는 임무를 갖고 태어난 사람은 어렵고 힘든 삶을 살게 됩니다.

이렇게 인간은 영들의 지배하에 살아가고 있지만 인간들은 전혀 그 영들에 대해 모르고 살아갑니다. 오히려 '그런 게 어디 있어. 내 삶은 내가 사는 거야.' 합니다.

그 영들이 자신의 정체가 알려지면 자신들 맘껏 일할 수 없게 되니 자신들의 정체를 모르게 한 것입니다.

그동안 인간을 속이며 맘껏 조정하고 즐기며 지냈습니다. 그러나 이제 영들의 존재가 시한이 다 되어서 그 영들이 어떻게 인간 삶을 조정하며 지냈는지 낱낱이 알고 그 영들을 이겨서 새 삶을 살 수 있도록 그들의 정체를 알아야 합니다.

하나님이 인간을 만들고 살아가는 모습을 보다가 인간은 짐승과 똑같이 살면 안 되겠다고 생각하여 십계명을 주었습니다.

인간은 짐승과 같지 않으니 최소한 십계명을 기준으로 삼아 살아가도록 한 것입니다.

십계명은 인간답게 바르게 살 수 있는 지침서입니다.

교회는 십계명 즉, 하나님을 섬기고 부모를 섬기고 도둑질하지 않으며 이런 것을 가르쳐야 하는데 지금의 교회는 오로지 하나님을 잘 섬겨야 한다는 것만 배우는 것 같습니다.

하나님을 사랑하면 부모, 형제, 이웃을 사랑해야 하는 것을 가르쳐야 하는데 하나님만 사랑하는 것을 가르치는 것 같습니다.

하나님 말씀대로 살기 위해 예배드리며 말씀을 듣습니다. 그러나 예배만 드려서는 말씀대로 살아갈 수 없기에 예수님을 보낸 것입니다. 예수님은 어떻게 죽어야 하는지 몸소 보여주셨고, 예수님의 죽음이 피인 것입니다.

예수님의 피는 내가 죽는 것이고 내가 죽으면 내 안의 영이 죽습니다. 영이 죽어야 말씀 즉 십계명대로 살 수 있습니다. 하나님 말씀대로 내가 죽어야 내 인생을 주관하는 영에게 해방되어 새 삶을 살 수 있는 것입니다. 그러나 내가 죽는다는 것은 너무나 힘이 들기에 이 글은 조금이나마 내가 죽는 것에 도움이 되었으면 합니다.

인간으로 태어날 때 영이란 존재가 인간 몸속으로 들어와 같이 태어납니다.

인간은 이 영이 하라는 대로 하며 살아가기 때문에 인간의 몸속 배꼽 바로 밑 아랫배에 자리 잡고 내 인생을 좌지우지 주관하는 영이 됩니다.

축사 사역할 때 마귀, 귀신의 집이 아랫배에 있는 것을 알게 되어 아랫배에 손을 얹고 나가라고 기도를 많이 하게 됩니다.

그러나 아랫배에 자리 잡고 인간을 자기 마음대로 조종하여 살아가는 이 영은 나가라고 소리치며 기도해도 절대로 꿈적도 하지 않습니다.

남이 땅을 사고 잘되면 아랫배가 아프다고 합니다. 정말로 배가 아프고 가슴이 아릿합니다. 이 영이 시기하는 것이 내 마음에 전달되는 것입니다.

내 몸속에서 내 주인이 되어 내 생각, 마음은 이것이 아닌데도 나도 모르게 행동하게 합니다. 분명 저 사람을 미워하면 안 되어서 미워하지 않으려 해도 나는 내 안의 영이 미워하면 절대로 용서나 화해가 안 됩니다.

이 영은 인간보다 한 차원 높기 때문에 인간이 이길 수 없습니다.

지금 사회는 서로 미워하고 용서나 화합이 안 되며 말이 안

통하는 시대를 살아가고 있습니다.

내 안의 영이 시기, 질투, 미움을 품고 상대방 말을 안 들리게 하여 자기 고집대로 완악하게 만들었고 사람들은 이 영이 시키는 대로 잘 따라 하며 살기 때문입니다. 교회의 역할이 선한 마음으로 상대방의 말을 들어주고 배려하는 마음으로 바뀌게 가르치는 것인데 그 역할을 제대로 하지 못해 너무나 힘든 세상이 되었습니다.

## | 내 안에 있는 영은 여러 종류가 있습니다

잘살게 해주기도 하고 모든 재산을 잃게 만들기도 하고, 나를 죽이기도 살리기도, 좋게도 나쁘게도 만듭니다. 내 안의 영이 인생의 주관이 되어 삶을 조종하기 때문에 우리 인간은 영이 조종하는 대로 살아가고 있습니다.

나에게 있는 영은 내 삶을 나쁘게 만드는 존재입니다. 내 삶이 조금만 좋으면 절대로 가만있지 않고 바로바로 나쁘게 만듭니다. 그래서 너무나 괴로워서 목회자분께 "왜 내 영은 이리도 나를 괴롭히는 것일까요?" 하고 물었습니다.

그 목회자는 그 영이 사랑해 달라고 하는 것이라고 했습니다.

그래서 나는 내 영에게 '네가 사랑받으려면 사랑받을 짓을 해야지 왜 이렇게 나쁜 짓을 하면서 사랑해 달라고 하느냐?' 하며 분이 풀릴 때까지 욕을 퍼부어 주었는데도 마음이 시원하지 않고 더 괴로웠습니다. 나쁜 짓을 하면서 사랑해 달라고 하는 것이 무슨 뜻인지 몰랐습니다.

하나님은 내게 "죽어라." 그 말씀만 하고 내 안의 영은 계속 나를 괴롭히는 일을 열심히 하여 나는 답을 얻지 못한 채 내 영을 죽이려고 금식기도를 열심히 하며 괴로운 날을 보냈습니다.

하나님이 자신의 뜻을 알게 하기까지 나는 정말 미칠 것 같아도 미칠 수 없고 죽지도, 살지도 못하는 고통을 느꼈습니다. 정말 그 고통은 말로 표현할 수 없는 고통이었습니다.

하나님은 아무 말 없이 나를 고통의 무아지경에 빠지게 하셨습니다.

내 안의 영에게 고통의 인생을 끌려다니다가 답을 얻게 되었습니다.

예수님처럼 죽는 것이 나를 괴롭히는 영이 차차 힘을 잃고 죽어가는 것입니다. 힘을 잃고 죽어가는 내 영을 사랑해 주어야 합니다. 교회에 다니지 않는 사람도 나를 사랑하라고 강의를 합니다. 나를 사랑하라고 해서 내 육신을 위합니다. 내 육신을 위하는 것이 아니라 내 안의 영을 사랑해 주고 위해 주면 이 영은 나쁜 짓을 하다가 좋은 짓으로 서서히 바꿔줍니다. 반드시 예수님처럼 죽어가면서 내 마음이 다 비워지고 깨끗해지면서 내 영을 사랑해 주면 삶이 바뀝니다.

## | 내가 죽는 방법

신앙생활을 하면서 내가 죽어야 한다, 혈기를 내면 안 된다는 말씀을 듣고 있지만 현실의 우리는 말씀대로 실천하지 못하며 예배를 드립니다. 말씀을 들을 때는 '맞아, 그래야지' 하고 다짐하지만 돌아서면 금방 잊어버리거나 쉽게 행동으로 옮겨지지 않습니다.

40일 금식을 해도 밥 한 번 먹으면 혈기가 바로 올라와서 금식도 소용없다 하고 기도를 날마다 해도 안 된다고 합니다. 많은 예배 시간 때 나를 죽이라고 들어도 절대로 죽어지지도 않고 죽는 방법도 알 수 없습니다. 이제 어떻게 해야 할 수 있는지를 이야기해 보겠습니다.

구약 시대에는 율법을 행동으로 지키기만 하면 되었습니다. 살인하지 말라 하면 살인하지 않으면 되었고, 도둑질하지 말라 하면 실제로 도둑질하지 않으면 되었습니다. 행동으로 율법을 지킨 사람들은 자신이 의인인 줄 알고 살아갑니다.

신약에 예수님이 율법을 폐하러 온 것이 아니라 율법을 완전하게 하러 왔다고 했습니다. 사람을 죽여야만 살인죄가 아니라 마음으로 미워하는 것도 살인이고, 마음으로 갖고 싶어 해도 도둑질이라 했습니다. 신앙생활을 하는 것이나 인간으로 산다는 것은 결국 마음이 중요한 것입니다. 그런데 이 마음을 주관하는 것은 내가 아니라 영이라는 것이 나를 조종하는 것입니다.

머릿속에서는 남을 미워하지 말고 용서해야 한다고 결심을 해도 마음속에서는 미움이 가득하고 절대 용서가 안 됩니다. 나도 모르게 화가 올라와서 하지 말아야지 하지만 불쑥불쑥 튀어 올라옵니다. 이것은 미워하게 하는 영, 시기 질투하게 하는 영, 도둑질하게 하는 영, 사기 치게 만드는 영 등등 이런 많은 영들이 내 안에서 그런 행동을 하게 만드는 것입니다. 평소에 내가 무심코 한 행동을 세밀하게 들여다보면 어떠한 영에 의해서 그러한 행동을 하게 된 것을 알 수 있습니다. 만약 내가 화를 잘 내는 사람이라면 항상 화를 내게 만드는 영이 나를 지배하고 있기 때문입니다.

우리는 내가 생각하고 있는 것이 다 옳고 내가 잘한다고 생각하지만 그것은 속고 있는 것입니다. 우리 행동 하나하나가 그 영들이 시키는 대로, 영들에 의해 움직이고 있는 것입니다. 적을 알아야 이길 수 있습니다.

그러나 이 영들은 내 안에서 나를 지배하고 조종하는 것 자체를 모르게 했습니다. 인간에게 '영, 신, 이런 존재는 없다. 그런 건 이 세상에 없다'는 생각을 심어주었기 때문에 우리 인간은 영, 신, 마귀의 존재를 부정합니다. 알아서 대적하여도 이길까 말까인데 전혀 모르기 때문에 영의 노예가 되어 살아가고 있습니다.

내 안에 어떤 영이 있고 나를 어떻게 지배하고 있는지를 알아야 합니다. 자, 가만히 눈을 감고 생각해 보세요. 나에게 반복적으로 항상 똑같은 일이 일어나는 것이 무엇인지. 두 번 이상 같은 일이 일어나는 것은 영의 힘이 작용하는 것입니다. 보통 사람들이 얘기합니다.

"나는 돈을 빌려주면 돌려받은 적이 없어."

이런 경우는 내 안에 있는 영이 돈을 빌려주게 하고 돌려받지 못하게 합니다. 상대의 마음을 완악하게 만든다든지, 그 사람이 돈이 없게 만들든지 해서 절대로 내 손에 돈이 들어오지 못하게 만듭니다. 또한, 돈이 필요한 사람을 자꾸 붙여주어 계속해서 나는 돈을 빌려주고 받지 못하는 상황이 되풀이됩니다.

이것은 내 안에 있는 영 때문인데 이런 걸 모르니 상대방 탓을 합니다. 상대방이 나에게 잘못을 하거나 잘해주거나 하는 것은 내 안에 어떤 영이 있느냐에 달렸습니다.

내게 어떠한 상황이 일어났을 때 생기는 결과는 내 안에 있는 영의 작용에 따라 일어났기에 내 탓인 것입니다.

내 안에 나를 사랑하게 하고 예뻐하게 하는 영이 있다면 누구를 만나도 나는 예쁨받고 사랑받을 것입니다. 나를 미워하게 만드는 영이 있다면 누구를 만나도 미움을 받게 됩니다.

"저 사람은 주는 거 없이 정이 안 가고 미워."

이런 말을 듣는 사람은 그 사람의 영이 괜히 싫어지게 만드는 것입니다. 그 사람의 영이 상대방에게 미워하라고 조종하는 것입니다.

상대방이 나를 예뻐하는 것도, 미워하는 것도 다 내 안에 있는 영 때문입니다.

돈 얘기를 하면 잘 들어줄 거 같은 사람에게 돈 얘기를 했는데 거절합니다.

"어떻게 네가 나한테 이럴 수가 있어?"

이처럼 그 사람을 원망하게 되는데 이는 내 영이 돈을 주지 못하게 그 사람의 마음을 움직인 것입니다.

반면 '돈' 하고 한마디만 해도 잘 받는 사람이 있습니다. 잘 들어주게 하는 영이 있는 것이며 이런 영이 있는 사람은 도움을 쉽게 잘 받으며 삽니다. 내 안에 나를 도와주는 좋은 영이 있을 때에는 상대방에게 내가 말만 해도 필요한 것을 다 들어주게 만듭니다.

그렇게 좋은 영이 있는 사람 옆에 손해 보게 만드는 영이 있는 사람이 가면 더 큰 손해를 보게 됩니다. 그래서 좋은 영은 손해 보는 영을 끌어당겨 만나게 합니다. 인복이 있는 사람이 인복이 없는 사람을 만나게 되며 인복이 없으니 인복 있는 사람에게 다 주게 만듭니다.

반면 나를 도와주고 욕심이 가득한 영을 가진 사람이 똑같은 영을 가진 사람과 만나면 서로 자기가 더 많은 욕심을 가지려 해서 크게 부딪히게 됩니다. 그래서 같은 영을 가진 사람끼리 만나면 안 된다고 합니다.

나를 도와주는 좋은 영이 있는 사람이 교회에 나와 하나님 앞에 기도하면 다른 사람보다 빠르게 배로 축복을 받습니다. 십일조나 감사헌금을 할 때 바로바로 축복을 받아 간증하는 것을 볼 수 있습니다.

아무나 그렇게 되는 것은 아닙니다. 태어날 때 좋은 영을 갖고 나온 사람은 하나님 앞에 나왔을 때 나쁜 영을 갖고 나온 사람보다 빠르고 크게 복을 받습니다. 그러나 나쁜 영을 갖고 있는 사람은 이 영을 제거하기까지 많은 기도를 해야 합니다.

하나님이 택하여서 훈련받는 사람은 그 사람 속에서 그를 도와주는 좋은 영은 전부 힘을 못 쓰게 묶어두고 나쁜 영만 일을 하게 허락합니다. 훈련받으며 기도의 양이 차면 비로소 하나님은 나쁜 영을 내보내고 좋은 영이 일을 하게 합니다.

내 안의 나쁜 영을 어떻게 제거해야 하는지 알아보겠습니다. 기도 생활을 하면서 제일 어렵고 해결되지 않는 것이 미움일 것입니다. 상대방을 미워하게 만드는 어떤 사건이 있게 되면 절대로 용서가 안 되고 원망스럽고 날마다 미운 생각간 떠오릅니다. 아무리 기도하며 떨쳐버리려 해도 미움이 없어지지 않습니다.

이럴 때 제일 먼저 미운 마음이 일어나게 내 안에서 영이 일을 하고 있구나 하고 인지를 해야 합니다. 확실하게 이것은 내가 화를 내는 것이 아니고 미움의 영이 상대방을 계속 미워하게 나를 조종하고 있다는 것을 알아야 합니다.

내 안에 미움의 영이 있다는 것을 알았다면 그다음은 이 영을 내보내는 기도를 해야 합니다. 그 어떤 다른 기도는 하지 말고 오로지 미움의 영을 내보내는 데 집중을 해서 기도를 해야 하며 상대방을 미워하지 않으려고 행동으로 노력하고 또 노력해야 합니다. 그리고 내가 무엇을 잘못했는지 무엇을 회개해야 하는지 하나님께 묻고 또 물어야 합니다.

기도를 할 때는 금식기도와 예배를 반드시 드려야 합니다. 예배와 금식을 하며 주님께 물으면 주님은 하나하나 가르쳐 줍니다. 금식기도와 나의 정신력, 실천하는 노력만이 이 영을 내보낼 수 있습니다. 금식을 하지 않고 내 기도만으로는 이 영을 대적하여 내쫓기는 불가능합니다.

내 안에 있는 영의 힘을 빼 기운을 잃게 만들어야 하는데 그 과정은 한두 번 금식한다고 해서 되지 않습니다.

금식을 하고 또 할 때 회개의 영이 임하여 내 안의 영이 가장 싫어하는 회개를 할 수 있게 됩니다. 금식을 하지 않고 기도만 하면 내가 무엇을 잘못했는지 알 수 없습니다. 하나님은 내가 잘못한 것을 제일 먼저 알기를 원하십니다.

회개가 제일 먼저 이루어진 다음 또다시 그런 행동을 하지 않으려고 노력하며 이 영을 내보내 달라고 간청해야 합니다. 현대에 사는 우리들은 육신에 지병들이 조금씩 다 있습니다. 그래서 온전히 하루를 다 굶을 수 없어 아예 금식을 안 하게 됩니다. 온전히 할 수 없을 때는 하루 한 끼 혹은 두 끼 금식을 해도 은혜를 받을 수 있습니다.

한 끼 금식은 자정 12시부터 오후 12시까지, 두 끼 금식은 자정 12시부터 오후 4시까지, 저녁 금식은 오후 6시부터 다음 날 오전 6시까지 하며 월요일부터 금요일까지 한 끼 하기로 하든지 영의 크기가 크다면 하루 두 끼 매주 하는 것이 가장 좋습니다.

두 끼는 월, 화, 수 하면 이틀 뒤 금요일 철야 예배 때 내가 무엇이 부족한지, 무엇을 회개할 것인지를 깨달을 수 있게 은혜를 주십니다. 월, 화, 수, 목, 금 하면 주일 예배 때 알게 됩니다. 이렇게 한 주 한 주, 매주 하는 것이 제일 좋습니다.

나는 이렇게 지금까지 기도했습니다. 금식 끝나면 다음 날이나 그다음 날 반드시 주님이 뭔가를 알려줬습니다. 주로 내가 무엇을 잘못했다고 알려줍니다. 잘못한 것을 알게 되어 내가 왜 그랬을까 하며 혼자 부끄러워하기도 하며 다시는 그런 잘못을 하지 않으려고 노력합니다. 그렇게 세월이 흘러 나 자신의 모습이 많이 바뀌어 있었습니다.

하나님이 우리에게 바라는 것은 내가 태어난 모습 그대로 살지 않고 변화 받고 새사람 되기를 바라는 것입니다. 변화 받아 새사람이 되려면 내 속에 많은 영을 내보내야 새사람이 됩니다.

이 영들을 내보내는 과정이 너무나 어려운 일입니다. 말로 하는 건 아주 간단합니다. 내가 죽으면 된다고, 내가 죽어야 모든 것이 다 이루어지 것인데 죽는다는 것이 절대로 쉽게 되지 않습니다.

나를 가난하게 만드는 영, 미움받게 만드는 영, 흩어놓고 안 되게 만드는 영, 이런 영들을 내보내야 하기 때문에 금식을 하며 나 자신을 죽여야 합니다. 나 자신은 죽지 않은 채로 영을 내보내 달라고 아무리 기도해도 이루어지지 않습니다. 금식을 통해서 내 안의 영과 나 자신을 죽여야 합니다.

죽이고 또 죽여야지만 겨우 하나 나갑니다. 또 나를 죽이고 죽여야 또 하나 나갑니다. 이렇듯 내 안에 집을 짓고 살고 있는 영들을 내보내는 것은 금식과 예배와 기도를 죽기 살기로 하지 않으면 안 됩니다.

하나님 앞에 예수님 이름으로 금식하며 기도할 때만 나갑니다. 그 어떤 종교도, 어떤 신도 내보낼 수 없습니다. 이 모든 영들의 주관자는 하나님이시기에 주관자인 주인만이 영들에게 명령할 수 있고 영들도 주인 말만 듣습니다.

다른 종교들은 복을 빌면 복을 주고 돈을 달라 하면 돈을 주기도 하고 병을 고쳐 달라 하면 병을 고쳐줍니다. 하지만 이 영을 내보내고 새로운 사람으로 거듭나게 만들 수는 없습니다.

산에 올라갈 때 이 길도 있고 저 길도 있다고 합니다. 이 말은 여러 종교에는 배움이 있는 것입니다. 종교의 배움만으로는 나 자신을 새롭게 태어나게 할 수 없습니다. 그 배움을 완전하게 만들어주는 것이 예수님인 것입니다. 예수님은 종교가 아닙니다.

그 어떠한 종교나 배움만으로 인간을 새롭게 만들고 거듭나게 만들 수 없습니다. 예수님을 따르는 것만이 완전한 길인 것입니다.

하나님 말씀을 실천할 수 있게 도와주는 것은 예수님의 피

뿐입니다. 예수님의 피는 우리를 공격하는 마귀, 영들을 이길 수 있게 해줍니다. 예수의 피는 내가 죽는 것입니다.

내가 죽기 위해 내 몸에 맞지 않게 무리한 금식을 하다가 잘못된 영이 들어올 수 있습니다. 그때는 더 강하고 나쁜 영이 들어가서 더 괴로울 수 있습니다. 자신에게 맞게 힘이 조금씩 천천히 빠지며 오래 꾸준히 환경에 맞게 아무도 모르게 내 기운이 차차 빠지게 해야 합니다.

나는 삼십 년을 꾸준히 금식을 하며 주님과 교제를 했습니다. 금식을 할 때마다 내가 잘못한 것이나 고쳐야 할 것, 주님이 내게 바라는 것 등을 놓치지 않고 잘 듣고 순종하며 하루하루를 노력했고 하나님은 내 환경을 지켜주셨습니다. 기도하다 주님 음성인 줄 알고 잘못 실천할 때도 있고 옆길로 새어 나갈 때도 있었지만 금식과 예배드릴 때마다 바로잡아 주어 다시 옳은 길로 갈 수 있었습니다.

오랜 세월 금식을 했지만 오히려 건강에는 이상이 없고 병원에 갈 일이 없었습니다. 어려운 환경과 고통 속에서 쉬지 않고 금식하며 부르짖을 때 하나님은 내게 그때그때 깊은 비밀을 알려주셨고 내 환경이 더 크게 다치지 않게 보호해 주셨습니다.

물질의 고통 외에는 그 어떤 상처도 없습니다. 내가 끊임없이 금식과 예배를 하지 않았더라면 오늘날까지 이렇게 바르게 올 수 없었을 것 같다는 생각이 듭니다.

## | 돈을 내버리게 하는 영에 대해서

아무리 돈을 모으려 해도 어느 정도 모으면 쓸 곳이 정확히 생겨 다 나갑니다. 절대로 내 손에 돈이 붙어 있지 않습니다. 안 쓰고 안 먹고 모으려 해도 어느 순간 다 나갑니다.

돈 내버리는 영이 있는 한은 절대로 모을 수도 없고 어떤 도움도 받을 수 없습니다. 내게 도움 주려는 사람의 마음에 '안 돼, 절대로 주지 마'라고 상대방 마음을 조종합니다.

이 영을 내보내는 방법을 알아봅시다. 내 안에 돈 내버리게 하는 영에게 말하는 것입니다.

"나는 이 모든 일이 네가 하는 짓이라는 걸 알았어. 너의 정체를 알았으니 이제 너는 내게서 떠나가야 한다."

이렇게 내가 너의 정체를 낱낱이 알았다는 것을 알려야 합니다. 그러면 이 영은 이 말을 듣고 '아이고, 내 정체가 탄로 났구나!' 하면서 능력이 절반으로 확 줄어듭니다. 그러면 나머지 절반도 열심히 나갈 때까지 일을 합니다. 그다음 주님에게 물어봐야 합니다.

"주님, 이 돈 나가게 하는 영을 내보내려면 제가 어떻게 기도해야 하나요?"

마음으로 계속 물어보며 예배를 열심히 드리면 며칠 금식해야겠다고 마음으로 오는 것이 있습니다. 그러면 사흘이나 닷새나 열흘이나 작정하고 시작합니다.

금식하며 기도하며 내게 돈 내보내는 영을 생각하며 그 영에만 집중하고 죽으라고 하면서 내 행동도 바뀌어야 합니다. 그동안 돈 쓰던 생활방식이 잘못되었던 것을 하나님이 알려주면 철저히 회개하고 회개한 부분을 다시 하지 않으려 애쓰며 노력해야 합니다. 내 생각과 행동을 바꾸려고 노력하면서 기도해야 합니다.

이 영을 내보내기 위해 참을 수 없는 고통을 겪으며 노력하며 기도해야 합니다. 사람 안에 영이 머무는 동안 사람은 절대 변하지 않습니다. 그래서 사람은 죽을 때까지 변하지 않는다고 합니다.

그런데 영은 이 육신이 언제 죽을지 아주 잘 압니다. 죽기 한 달 전이나 며칠 전에 스스로 나갑니다. 영이 나간 사람은 안 하던 행동을 합니다. 그래서 안 하던 짓 하면 죽을 때가 됐나, 왜 안 하던 짓 하느냐 합니다. 육신이 죽어야만 몸 밖으로 나가는 영을 육신이 살아있는 상태로 내보내려 하니 얼마나 힘들고 고통스럽겠습니까?

우리는 신앙생활 할 때 항상 주님께 물으며 살라고 합니다.

하지만 주님은 묻는다 해서 그때그때 바로바로 내게 알려주지 않습니다. 내 귓가에서 들리는 것은 내 안의 영이 주님인 척 들려줍니다.

우리 모두의 대부분이 내 안의 영이 들려주는 것을 주님 음성인 줄 알고 있습니다. 주님은 물었을 때 몇 시간 혹은 며칠간 들려오지 않다가 어떤 계기로 마음으로부터 깨달음을 얻거나 한마디 들립니다.

주님이 침묵하는 시간에 내가 조바심으로 계속 물어보면 내 안의 영이 주님처럼 내 귀에 속삭여 줍니다. 그러면 우리는 주님 응답인 줄 알고 기뻐합니다. 그래서 이단이 나오고 내가 직접 응답받았다고 어지럽히는 성도들이 있는 것입니다.

금식할 때는 내 안에 영이 잠깐 죽어있습니다. 그때 내 머리가 비워질 때 아주 잠깐 주님 음성이 바르게 들립니다.

금식하며 기도할 때는 예배 장소도 중요합니다. 바르지 않은 곳에서 예배를 드리면 나쁜 쪽으로 더 기울어집니다. 내가 비워 있을 때 더 조심히 바른 말씀을 듣는 것이 아주 중요합니다.

## | 반복되는 영

유전자 깊숙이 들어가면 영이 있다고 합니다. 육신이 죽었다고 영이 없어지는 것이 아닙니다. 이 영은 하나님이 무저갱에 넣을 때까지 허락받은 시기이므로 육신이 죽어 없어진다 해도 영이 없어지는 것이 아니고 죽은 자와 비슷한 성향을 가진, 즉 가족 형제에 들어갑니다.

부모가 영에 의해서 하던 행동이 자식에게 들어가 똑같은 행동을 하게 합니다. 부모의 영과 자녀의 영이 같을 때가 많습니다. 부모를 많이 도와주고 잘 살게 해주는 영이 있으면 그 자녀에게도 잘 살게 해주고 도와줍니다.

한 여자가 결혼을 해서 박복하게 살 때 딸에게 너는 나와 같은 인생을 살지 말라고 합니다. 그러나 엄마를 박복하게 만드는 영을 엄마가 없애지 않고 죽으면 그 딸은 그 영에 의해 같은 인생을 살게 됩니다.

내 자녀가 힘들지 않게 살기를 바란다면 조상의 저주의 줄을 내가 끊어야 합니다. 그래야 내 자녀가 나와 같이 살지 않는 것입니다.

또한, 이 영은 유전적으로 같은 사람에게 붙어 다니기도 하지만 자신과 비슷한 성향의 사람에게 붙기도 합니다.

할머니가 돌아가시고 나서 그 안에 있는 영이 슥 나와서 그 할머니와 같은 성향, 즉 생각과 행동이 비슷한 며느리에게 들어가는 것을 보았습니다. 할머니를 지배하며 살던 영이 할머니의 육신이 사라지자 바로 며느리에게 들어간 것입니다. 할머니와 비슷한 성향을 갖고 있던 며느리가 할머니의 영까지 받아들여서 완벽하게 할머니가 하던 행동을 똑같이 하는 것입니다. 구박받던 며느리가 자신의 며느리에게 똑같이 구박한다 했습니다. 구박하던 어머니의 영이 며느리에게 들어가 같은 행동을 하는 것입니다.

## | 대가 지불

하나님은 톱니바퀴 두 개가 서로 맞물려 정교하게 돌아가듯 하나님의 법칙대로 인간을 다스리고 있습니다. 하나님이 만든 이 법칙은 하나님도 마음대로 바꿀 수 없습니다.

죽을병에 걸린 사람이 기도해서 나았습니다. 죽을 사람이 살았다면 그 사람의 죽음만큼의 크기로 그 대가가 있어야 합니다. 주변 누군가 죽을 수도 있고 그 크기만큼 돈을 내든지 죽음의 자리를 뭔가가 메꿔야 하는 것입니다.

못 먹고 못살던 시대를 살던 우리 한국 사람은 공짜를 아주 좋아합니다. 이 세상에는 공짜는 결단코 없습니다.

죽을 사람을 기도해 주기 전에 이 사람이 죽을 사람인지 아니면 더 살아야 할 사람이어서 기도로 고쳐주어도 좋은지 먼저 하나님께 물어보아야 합니다. 살려주어도 된다 하는 응답을 받았으면 전심을 다해 기도해서 살려주어도 되지만 죽어야만 하는 사람을 인간의 생각으로만 무조건 살려 달라 기도해서 살려놓으면 두 개의 톱니바퀴가 틀어지게 됩니다.

그러면 그 영을 데려가려던 죽음의 영이 그 대신 대가를 가져갑니다. 죽을 사람의 주변에서 가장 약한 자를 데려가거나 기도해 준 자를 해치거나 합니다. 그래서 기도를 잘못 해주면 환란을 겪게 되기도 합니다. 죽어가던 가족을 간병해서 살아나면 간병하던 자가 죽는 경우가 있습니다. 죽음의 영은 누구든 데려가야 하기 때문입니다.

죽음뿐 아니라 사람에게는 나쁜 일이 일어나게 만드는 '영'이 붙어서 열심히 일을 합니다. 그런데 나쁜 일이 일어나지 못하게 기도하든지 무당들이 굿을 하든지 어떤 종교 힘으로 막으려 하면 자신의 일을 못 하게 막힌 영이 화가 나서 그 사람들을 치게 됩니다.

무당들은 굿을 잘못해서 뒤집어졌다고 할 때가 있습니다. 무조건 살아야 한다는 생각들이 뿌리 깊게 박혀있어 죽지 않으려 모두가 발버둥 칩니다. 내 안에 있는 영은 육신이 죽으면 자신이 나가야 하니 이 육신을 죽이지 않으려고 사람의 생각을 죽지 말라고 조종하는 것입니다. 죽음을 생각하면 두려움이 오고 죽지 않고 오래오래 살고 싶어 합니다.

죽음의 영, 망하게 하는 영, 이런 강력한 나쁜 영을 제거하려면 주님 앞에 나와 철저히 회개하고 다음 대가를 지불해야 합니다. 어떤 대가를 지불할 것인지 주님께 물어보고 알려준

대로 순종해야 합니다.

대가를 지불하는 것은 영의 세계의 룰입니다. 영의 세계의 룰을 지키면서 기도해야 결론도 빨리 나옵니다. 목회자의 기도와 내가 죽는 기도, 물질봉헌 이 세 개가 잘 맞을 때 기도 응답도 잘 받습니다.

영, 신, 마귀들은 인간보다 한 차원 높기 때문에 인간에게 환란과 고난을 줄 수 있는 능력이 있습니다. 복을 줄 수도 있고 환란을 줄 수도 있고 일이 잘 안되게 못된 짓도 얼마든지 할 수 있습니다. 그들을 인식하고 정신 바짝 차리며 대적해야 합니다.

그 집 안에서 살고 있는 영이나 신이 있습니다. 우리는 그 사실을 모른 채 그들과 같이 삽니다. 그 집의 기운이 세면 우리가 조금 느낄 수 있으나 대부분 모르고 삽니다.

내가 겪은 일입니다. 아버님이 사는 집에 자주 가야 했습니다. 하루는 그 집에 도착했는데 그 집에 있는 신이 "너 이 집에 오지 마!"라고 합니다. 내가 그때는 성령충만 할 때라 그 집 신이 내가 부담스러웠던 거 같습니다. 그래서 그 신에게 "네가 감히 나보고 오지 말라 했어? 난 아버님 때문에 꼭 와야 하는데 내가 오는 걸 방해하면 축사능력 있는 목회자 모셔 와서 열흘 작정 기도 하면서 너를 내쫓을 거야. 내가 오는 거 방해하지 마."라고 했습니다.

그 신이 들었나 봅니다. 그 후 아무 말도 없고 방해도 없이 아버님 돌아가실 때까지 잘 지냈습니다.

기독교인은 '그런 게 어딨어? 내가 교회 다니기 때문에 아무것도 없어. 괜찮아'라고 생각하는 성도들이 너무 많습니다. 교회에 나와 기도할수록 영들의 공격을 더 당하는데 그들의 정체 자체를 모르고 지내니 계속 당하며 살아갑니다.

## | 내 안의 나

어떤 일이 있을 때 내 생각은 아무렇지 않은데 마음이 마구 떨릴 때가 있습니다. 또 반대로 내 얼굴이 활짝 피고 마음이 무척 가볍고 좋을 때가 있습니다. 나도 모르게 내 생각과는 무관한 행동을 할 때가 있습니다.

이것은 내 안에 있는 나, 내 영이 느끼는 것이 내 얼굴이나 행동으로 나도 모르게 나타나는 것입니다.

## | 남녀 간의 궁합

교회에 다니니까 궁합을 볼 필요 없다며 무시하고 서로 좋으면 된다고 합니다. 부부의 경우 서로 미운 마음이 들면 말씀 들은 대로 기도하며 이길 수 있으면 무시해도 됩니다. 그러나 그럴 수 없는 경우가 너무나 많습니다.

남녀 각각의 영이 서로 좋아하면 잘 살 수 있습니다. 그런데 영과 영이 서로 싫어하게 되면 인간은 이 영이 시키는 대로 안 할 수 없습니다. 점점 싫은 것만 보이고 서로 미워하고 원수가 되게 만듭니다.

한번 헤어진 부부가 떨어진 시간 동안 곰곰이 생각해 보니 서로가 보고 싶다 해서 다시 만났을 때 이 영들이 싫어하면 다시 헤어지게 됩니다. 각자의 영은 한번 싫으면 다시 돌아보지 않습니다. 영들은 자기들의 맡은 임무대로 할 뿐 생각이라는 게 없습니다.

머리의 생각보다 마음을 지배하는 영의 힘의 큽니다. 이 영이 하는 일은 생각 없는 어린아이처럼 무조건 한 가지 일만 앞만 보고 자기의 임무대로 그 한 가지만 쭉 행동합니다.

한번 미워하기 시작하면 한없이 미운 것만 보이게 합니다. 서로 죽일 수도 있을 정도로 미워하게 만듭니다. 영이 시켜서 서로 미움이 일어나지만 우리는 전혀 모른 채 '내가 왜 그럴까? 그러지 말아야지'라고 결심해도 미움이 가시지 않고 평안해지지 않습니다.

이 영에게 지배당해서 하라는 대로 하게 됩니다. 영의 정체를 모른 채 같이 잘해 보려 아무리 애를 써도 안 됩니다. 해결 방법은 미워하게 만드는 영의 정체를 알고 미움이 올라오면 '아! 이 마음은 저 사람 때문이 아니고 저 안에 있는 영이 그러는 것이구나' 하며 그 영을 달래주어야 합니다. 기도하는 마음으로 상대방의 이름을 부르며 그 몸속에 있는 영을 생각하며 말을 해줍니다.

"착하다. 고맙다. 사랑한다. 미안하다."

이렇게 계속 한참 반복하다 보면 그 영이 하고 싶은 말을 합니다. 다 들어주고 달래주고 감싸주고 하면 점점 서로 사이가 좋아집니다. 내가 그 사람을 사랑할 때 나도 사랑받는다 합니다.

미운 말, 미운 행동을 하는 상대방을 바라보면 사랑할 수가 없습니다. 너무나 미우면 그 안의 영도 싫을 때도 있지만 우리가 승리하려면 내 감정을 잠깐 누르고 상대방을 부르며 자주 칭찬해 주고 좋은 말 해주고 내가 너를 사랑한다고 그 영에게 내 마음속으로 얘기를 해주는 것입니다.

마음과 마음은 통한다고 합니다. 내가 저 사람을 미워하면 그 영이 알아듣고 나를 미워합니다. 내가 저 사람을 사랑하고 좋아해 주면 그 영도 나를 좋아해 주는 것입니다. 귀신같이 알아듣는다는 속담이 있듯이 내 마음은 저 사람의 미움으로 가득하면서 말로만 사랑한다 하는 것은 속이는 것이고 그 영도 자신을 속이는 것을 알고 안 받아들입니다.

사람이 태어날 때 많은 영들이 세상에 같이 나옵니다. 나를 도와주는 영을 갖고 나올 수도 있고 나를 해치기만 하는 영을 갖고 나올 수도 있습니다.

사람이 사람답게 살아갈 수 있게 배우는 곳이 가정이고, 다음이 학교이고 다음이 사회이며, 여기서도 배우지 못한 것을 종교에서 배우는 것입니다. 종교는 소원을 빌고 복을 받는 곳이 아니고 내가 사람답게 살 수 있는 지혜를 배우고 실천하는 곳입니다.

내가 배운 대로 바르게 살아가면 나쁜 영이 강하게 있던 사람은 나쁜 기운의 강함이 사라질 것이고 좋은 영이 힘을 못 쓰는 사람에게는 좋은 힘을 주어 잘 살게 해줄 것입니다. 모두가 골고루 살게 해주는 곳이 종교에서 배움인 것입니다. 지금은 내가 바르게 사는 방법보다는 빌어서 복 받는 곳이 되었습니다.

하늘은 공평합니다. 복을 많이 받게 해주는 영이 있다면 그 복을 내보내게 하는 미운 영도 같이 있습니다. 또한 무지하게 복을 받지 못하게 하는 영이 있는 사람은 선한 마음을 갖게 하는 영이 있어 자신의 노력으로 극복할 수 있게 합니다. 그래서 착한 사람이 어려운 일을 많이 당해 안타까움을 볼 수 있습니다.

복이 많으나 미운 영을 갖고 나온 자는 아무리 복을 가져다

주려 해도 미운 짓만 해서 그 복을 받아들이지 못합니다. 점을 볼 때 당신은 언제 복이 들어온다고 들어 아무리 기다려도 안 들어오면 하나도 안 맞는다고 엉터리라며 화를 냅니다.

그러나 내 운이 복이 들어올 때가 있어도 선대에 행한 행실, 내 행실 모두 받을 수 없는 행실을 했다면 운을 열어주는 영이 그 문을 열어줄 수 없는 것입니다. 잘되면 내 탓, 못되면 조상 탓입니다.

## | 어떻게 심어야 하는가?

두 엄마가 있습니다. 그들은 자신이 곧 죽는다는 것을 알았습니다. 자신이 죽고 없어지면 내 자녀가 어떻게 살까 걱정하며 마음 아파했습니다. 자신들이 없어도 자녀들이 잘 살기를 바라는 마음은 두 엄마가 똑같았지만 자녀를 위한 방법은 너무나 달랐습니다.

한 엄마는 자신이 없을 때를 생각하여 자녀를 위한 방법으로 며느리를 위해주었습니다. 돈이 있어도 며느리를 주고 모든 좋은 것을 주고 잘 대해주고 많은 사랑을 주었습니다. 마지막 순간까지 며느리만을 위해주었습니다.

또 다른 엄마는 자신이 없을 때 혼자 살아갈 자녀를 생각하니 너무나 마음 아프고 안타까운 생각이 들어 그 자녀만 마지막 순간까지 위해주고 잘해 주었습니다. 오로지 그 자녀에게만 기를 쓰고 모든 것을 하나라도 더 주려고 했습니다.

그 결과, 남의 자녀인 며느리를 위해준 엄마의 자녀는 모든 사람에게 사랑을 받고 먹을 것도 떨어지지 않고 엄마의 빈자리도 크게 느끼지 않으며 잘 살아갑니다.

남의 자녀는 나 몰라라 하며 오로지 자신의 자녀만 위해준 엄마의 자녀는 엄청난 복을 갖고 있는데도 그 복을 누리지 못하고 모든 사람에게 사랑받지 못하며 엄마가 없는 빈자리를 크게 느끼며 한숨으로 하루하루를 살아갑니다.

이렇게 하늘의 저울은 정확합니다. 자신이 심은 대로 정확하게 받는 것입니다. 사람들은 생각 없이 자신의 행복만을 위해 살아갑니다. 내가 어떻게 행동해야 복을 받을 것인가는 종교에서 배우는 것입니다.

## 신의 도움

우리는 인생을 살면서 99%의 노력과 1% 신의 도움을 받고 살아가고 있습니다. 만약 1% 신의 도움이 없다면 99%의 노력은 아무 소용이 없습니다.

나 자신이 잘나고 똑똑하고 능력 있어서 모든 것을 내가 다 이루는 줄 알지만 내가 완벽하게 잘했어도 1%의 신의 도움이 없으면 아무것도 이뤄지지 않습니다. 또한, 신이 아무리 도와주려고 해도 내가 노력하지 않으면 신도 도와줄 수 없습니다.

그래서 내 노력과 신의 도움이 완벽하게 이루어져야 합니다. 마귀, 귀신, 영들은 인간에게 "신은 없다. 요즘 같은 과학시대에 이런 것들이 있을 수 없다. 인간의 능력에 따라 세상이 굴러가고 이뤄진다."라며 자부심에 빠지게 만들어 자신들의 정체를 속이고 있습니다.

영들은 자신들이 있다는 사실을 인간이 알면 자신들은 없어질 수밖에 없으니 전혀 그런 건 없다고 속이고 있고 인간들은 속고 있습니다.

## 내적치유

내적치유란 살아가는 동안 상한 마음이 드는 사건을 겪으며 지내면서 내 생각은 잊었지만 내 안에 있는 나 자신의 영은 잊지 못하고 항상 기억하며 아파하는 것입니다.

상담자에게 실컷 토설해도 돌아서면 아픔은 여전합니다. 상처는 주님 앞에 치유받아야 하는데 금식을 작정하고 시작하면 어떤 사건으로 인해 아팠는지. 어떤 상처가 있는지, 태어날 때부터 지금까지의 인생 여정 속에서 알게 해줍니다.

기도하면서 나 자신을 죽이려고 노력해야 합니다. 나 자신을 죽이고 또 죽이면 차차 억울함이 작아지고 속상한 마음도 치료되어 평안해집니다. 또 내 영에게 그러면 안 된다고 자주 얘기해 주며 마음을 다스려야 합니다.

내 안에 영이 나를 다스리면 안 되고 내가 그 영을 다스려야 합니다. 내 영이 나를 다스리는 것이 본능대로 하는 것입니다. 항상 깨어있고 정신 차리는 것이 내 영이 시키는 대로 하지 않는 것입니다.

## | 하나님과 영, 신의 차이점

한 사람이 있습니다. 이 사람에게는 엄청나게 도와주는 영이 있습니다. 이 사람의 영은 이 사람을 도와주어 뭐든지 잘되게 해주는 사명을 타고났습니다. 장사를 하면 손님을 오게 해서 돈을 많이 벌게 해주고, 아프면 치료해 주고, 자녀들도 이 사람이 원하는 대로 잘되게 해줍니다.

어느 날, 자녀가 취직을 하려는데 자녀 생각에는 조금 아쉬운 곳에 붙었습니다. 이 사람은 작은 곳이라도 합격했으니 '다행이다 잘 다녔으면 좋겠다'라고 생각했고 자녀는 더 크고 좋은 곳으로 가고 싶어 애를 썼으나 잘 안되어 '부족해도 다녀야겠다'라고 생각하고 일하게 되었습니다.

만약 이 사람이 '그래, 더 좋은 곳으로 갔으면 좋겠다'라고 생각했으면 그 영이 더 좋은 곳으로 가게 해주었을 것입니다. 그러나 이렇게 조바심으로 작은 곳이라도 다행이다 생각했기에 이 영이 더 좋은 곳을 다 차단했고 작은 곳에 안주하게 만들었습니다.

영, 신들은 자기가 맡은 임무밖에 할 수 없습니다. 무엇이 옳고 그른지 판단을 할 수 없습니다. 자기가 해야 할 일만 할 뿐입니다. 그러나 하나님은 어떤 방법이 두 사람 다 좋은지 혹은 사람의 조바심으로 작은 곳에 생각이 머물렀어도 자녀가 품은 생각을 이뤄주는 것이 두 사람 모두에게 좋은 길이라면 자녀의 바람대로 해주었을 것입니다. 하나님은 좋은 방법으로 이끌어주는 것입니다.

실제 내 속에 있는 영의 정체를 알아보기 위해 평소에 비슷한 상황에서 똑같은 행동을 해보았습니다. 만약 그 영이 똑같은 방법으로 나를 방해하면 이런 영이구나 알 수 있겠다 싶어 시험 삼아 해보았습니다. 이 영은 내가 자신의 정체를 알아보기 위해 시험하는 것이며 자신이 들통 나면 쫓겨난다는 것을 알면서도 똑같이 방해했습니다. 이렇게 영은 기계처럼 생각도 없이 맡은 임무만 열심히 합니다.

공산주의는 모든 사람이 잘 살기를 바라며 나온 것인데 이 세상을 사는 사람들에게는 각종 영이 있고 그 영들은 마음껏 활동하며 살고자 합니다.

예를 들면 술 중독으로도 만들고 음란에 빠지게 하며 죽고 싶어 자살도 시킵니다. 이렇게 인간의 희로애락을 자신들이 만들어 맘껏 조종하며 지낼 수 있는데 모두가 잘 살게 되면 이 영들이 일할 수가 없습니다.

그래서 공산주의는 신이 절대로 허락하지 않습니다. 인간을 잘 살게 해줄 수 없고 기쁘게 해주고 슬프게 해줄 수 없는 상황이 되기 때문에 모두가 잘 살게 하는 공산주의를 허락하지 않습니다.

## | 철학과 말씀

철학은 여러 사람이 살아가는 방식을 보고 통계를 낸 것입니다. 여기에 '살'이라는 말이 있습니다. 태어날 때 살을 갖고 태어났다고 합니다. 살이라고 부르는 것이 '영'인 것입니다.

살, 즉 영에는 여러 종류가 있습니다. 역마살은 여기저기 다니게 하는 영, 도화살은 음란의 영입니다. 살이라는 영은 인간을 그렇게 살아가도록 만들고, 그 영이 시키는 대로 하며 살게 됩니다.

하나님 말씀은 이 영들이 하라는 대로 하지 말아야 하며 어떻게 해야 영들이 시키는 대로 하지 않고 살아갈 수 있는지 그 방법을 알려준 것입니다.

지금까지는 예배를 드리며 말씀을 듣기만 했습니다. 이 영들을 대적하려면 영성이 필요합니다. “기도만이 살길이다.”라고 하지만 기도를 어떻게 해야 하는지를 알아야 합니다.

내게 나쁜 일, 어려운 일이 생겼다면 지금 이 일이 왜, 어떻게 내게 일어났는지를 뒤돌아보며 정리해야 합니다. 그러면서 어떠한 영이 내게서 작용하고 있다는 것과 그 영의 정체를 알아야 합니다. 그리고 그 영을 내보내기 위해 기도해야 합니다.

며칠 동안 기도할지 작정을 하고 예배와 금식기도를 시작합니다. 예배와 금식을 하며 하나님께 물어봅니다.

나쁜 영을 없애고 해결하려면 내가 어떻게 해야 하나 끊임없이 물어보아야 합니다. 회개할 것이 있다면 무엇을 회개해야 하는지, 내려놓아야 할 것이 있다면 무엇을 내려놓아야 하는지, 하나님이 내게 원하는 것을 하지 않았는지 정신과 마음을 하나님께 맞추며 끊임없이 주님이 내게 원하는 것을 알아내려고 집중해야 합니다.

작정한 날짜까지 끝까지 하며 주님 음성을 듣고 버릴 것이 무엇인지 알게 되면 버리려고 노력하고 잘못한 것이 있다면 바로잡으려고 노력하며 온 마음을 다해 실천하려고 노력해야 합니다.

살이라고도 하고 영, 신이라는 것들은 나름대로 자신의 영역을 지키기 위한 능력이 있습니다. 아주 강력한 영은 사람을 죽이기도 합니다.

영들에게 능력이 있는 반면 사람은 정신력이 있습니다. 영, 신들을 대적할 수 있는 능력은 정신력입니다. 정신 바짝 차리면 죽을 것도 산다고 합니다. 영이 나를 나쁜 일로 휘몰아쳐도 정신만 바르게 차리면 영을 이길 수 있지만 정신 차리기가 너무나 어렵습니다.

이 영들은 인간이 정신력으로 자신들을 대적할 수 있으니 정신부터 흐려 놓습니다. 환경을 받아들이게 하고 "어쩔 수 없어. 이럴 수밖에 없어. 이러는 게 당연해. 난 안 돼, 죽어야 해."라며 모든 것을 포기하게 만듭니다.

인간이 유리한 건 정신력뿐인데 정신을 흩어 놓습니다. 금식기도를 할 때 제정신이 돌아옵니다. 기도할 때는 영이 힘을 잃어 정신이 바르게 됩니다.

내가 계획을 세워 무슨 일을 하려 하면 영이 안 되게 만듭니다. 수차례 시도를 해보다 안 되니 내 팔자는 원래 이래 하며 포기하고 자신의 신세를 인정하게 만들어 그 영이 시키는 대로 살게 됩니다.

이런 영들과 대적하려면 초능력과 같은 정신을 차려야 합니다. 팔자를 바꾸려면 뼈를 깎는 고통을 겪어야 한다고 합니다. 그만큼 영을 대적하는 것은 어려운 일입니다.

하나님께 훈련받는 동안은 밖에 나갈 수 없었습니다. 밖에 나가라고 하는 영, 장사하라고 하는 영, 음란 영들은 집에 있지 말고 밖에 나가고 싶게 만듭니다. 집에 있으면 마음속에서 밖에 나가고 싶게 요동을 칩니다.

내게 있는 영은 밖에 나가라고 나를 자극합니다. 마음이 요동치는 것을 이기지 못해 문을 열고 나갑니다. 영에게 이용당한 걸 알고 후회하면서 "잘못했습니다. 이젠 안 나갈게요."라고 합니다. 하나님은 아무 말이 없습니다. 후회하면서도 마음 안에서 나가라고 속삭이는 것을 이길 수 없어 또 나갑니다. 도저히 마음 안에서 속삭이는 것을 이길 수 없어 자꾸만 마음대로 합니다.

하나님이 가만히 보다가 집 밖을 나간 대가로 어려운 상황에 처하게 된 적이 있어 한참을 고생했습니다. 이렇게 내가 잘못했을 때 그 잘못을 깨닫게 하기 위해 실패할 걸 알면서 그 길로 가게 하십니다.

"하나님, 억울해요. 이건 잘못된 것 같아요. 바로잡겠습니다."라고 했더니 하나님이 "이건 너의 죄의 대가다. 이번엔 네가 대가를 받았지만 이후에 또 잘못을 한다면 너의 자녀가 너 대신 대가를 받게 될 것이다."라고 하였습니다.

이렇게 또 벌을 준다 하는 것을 들었음에도 내 안의 영이 속삭이는 것을 떨쳐낼 수가 없었습니다. 또 문을 열고 나갔습니다. 얼마 후에 자녀에게 힘들고 어려운 일이 닥쳤습니다. 그때 정신이 번쩍 들었습니다.

"아! 맞다. 자녀가 대가를 받는다 했지?" 정신이 번쩍 들었습니다.

영의 속삭임을 이기지 못하고 죄를 범할 때, 작은 징계를 받을 땐 정신 차리지 못합니다. 천둥 치듯 큰 소리가 나고 치를 떨 만큼 큰 징계를 받아야 절제할 수 있는 정신이 듭니다. 그 후 한 번도 문을 열고 나가지 않았습니다.

이 영들이 시키는 대로 하지 않고 말씀대로 살아가도 내 안에서 나가지 않고 계속 있습니다. 영에게 말해보았습니다.

"이젠 네가 시키는 대로 하지 않는데 넌 왜 계속 내 안에 있는 것이냐? 이제는 나가야 하지 않나?" 했더니 영은 아무 대꾸도 없이 나가지 않고 나를 이용하지도 못하고 그냥 그렇게 있습니다. 하나님에게 내보내 달라고 기도합니다. 때가 되면 내보내 준다 하십니다.

이렇게 내 안에 집을 짓고 있는 영은 내가 완전히 죽어야 정리가 됩니다.

## 영을 내보내는 과정

나에겐 먹을 것을 없애는 영, 그것도 아주 막강한 힘이 있는 크고 힘센 영이 내 안에서 나를 괴롭히고 있었습니다. 어디를 가면 내가 먹을 것을 싹 다 없앱니다. 여러 명이 먹으러 갈 때도 나만 못 가게 빼놓습니다. 또 먹을 것이 있는 곳은 나 스스로 가지 않게 만듭니다. 이렇게 내가 먹을 수 있는 곳은 아주 바쁘게 날쌔게 빈틈없이 내 앞에 앞서서 모두 없애버립니다.

이런 상황을 먹을 복이 없다 하지요. 하루는 너무나도 속이 상해 하나님한테 하소연했습니다.

"내가 이러고 어떻게 살 수 있습니까? 너무 괴롭고 약이 올라 살 수 없습니다. 너무나 속상합니다."

울면서 넋두리를 늘어놓았습니다. 그리고 나는 잊어버렸는데 어느 날 친분 있는 한 목회자분으로부터 연락이 왔습니다.

"하나님이 이십 일 금식하라는데, 하든지 말든지 맘대로 하세요. 나는 전했습니다."

무슨 일인지 모르지만 금식 이십 일 작정하고 시작했습니다. 십칠 일 때 예배를 드리는데 하나님 은혜가 쏟아져 정말 기뻤습니다.

은혜받고 기뻐하며 집에 오는데 너무나 배가 고팠습니다.

참을 수 없이 배가 고파 냉장고를 여는 순간 맛있는 냄새가 확 풍겨왔습니다. 그 순간 내 귓가에 생생한 목소리가 들려왔습니다.

“응답받았잖아. 이제 먹어도 돼. 어서 먹어!”

너무나 배가 고파서 ‘그래, 먹어야겠다’ 하고 한 숟갈 입에 넣었는데 그 순간, ‘이건 아닌데. 성경 말씀에 응답받았어도 중간에 그만두면 안 되고 끝까지 해야 한다고 들은 것 같은데’ 하면서 숟가락을 내려놓으며 말했습니다.

“하나님, 나 안 먹은 거예요. 나 안 먹었어요.”

지금 생각해 보면 내 안에서 나를 조종하며 살던 영이 쫓겨날 거 같으니 이십 일 금식 못 하게 필사적으로 막은 거 같습니다. 이십 일 끝까지 잘 끝낸 며칠 뒤 내가 가는 곳마다 먹을 것이 있었습니다. 그때 하나님이 내 하소연을 듣고 기도시켜서 날 괴롭히던 영을 내보내 주셨구나. 얼마나 기뻤는지 모릅니다.

이처럼 나도 모르게 영이 나갈 때도 있지만 요란한 소리를 내면서 나가는 영이 더 많습니다. 또 영이 나갔다고 아주 나간 것이 아닙니다. 어느 정도 지난 후에 슬금슬금 다시 들어오려는 것을 알았습니다. 날마다 다시 들어오나 항상 긴장하며 나 자신을 점검하며 지내니 영이 들어오려고 시동 거는 걸 금방 알 수 있었습니다.

뿌리가 있는 채 나간 영은 고무줄을 당겼다 놓으면 다시 원상태 되는 것같이 내게 들어오려 합니다. 그래서 항상 점검해 봅니다. 또 언제 내게 슬며시 들어와 나도 모르게 장난치는지 정신 차리고 점검해 봅니다.

나는 엄청난 물질 고통으로 인해 교회에 나와 하나님을 찾게 되었습니다. 열심히 교회 나와 물질 고통을 해결해 달라고 날마다 기도했을 때 하나님이 딱 한마디 하셨습니다.

"그릇이 되면 해결해 주마."

이 말을 듣고는 그릇이 되어야 이 고통에서 벗어나겠구나 생각하며 그릇이 되려고 노력하는데 그릇이 뭔지 몰랐습니다. 그래서 교회에서 만나는 교인마다 붙잡고 물어봤습니다.

"그릇이 무엇입니까?"

의미를 제대로 알지 못한 채 그저 축복을 받을 수 있는 그릇이 되어야 한다는 신념을 갖고 예배드리고 금식기드 하며 몇 년을 지내던 중 귀신, 마귀를 내쫓는 은사를 가진 목회자를 만나게 되었습니다.

그때부터 영, 마귀의 세계를 하나하나 자세히 알게 되었고 내 안에도 여러 영이 있어 이 영에 의해 내 인생이 이끌려 살았다는 것을 알게 되었습니다.

그 후 내 기도 목표는 나를 지배하고 조종하며 내 생각대로 인생을 살 수 없게 만드는 영을 제거해 달라고 날다다 기도

하는 것입니다. 이 영이 내 안에서 주인 되어 있는 동안은 내가 간구의 기도를 해도 아무것도 이루어지지 않았습니다. 주님의 대답은 한결같았습니다.

"영이 나갈 수 있게 너가 죽어라. 이것이 그릇이다."

이 한 말씀 외엔 어떤 기도를 해도 응답되는 것이 없었습니다. 그래서 내 안에 영을 없애기 전까지는 내 소원을 기도하지 않았습니다.

복을 받기 위해서는 오로지 이 영을 내보내야 한다는 생각밖에 없었습니다.

간절히 기도를 할 때마다 하나님은 영을 한 번에 다 내보내주지 않으셨습니다. 사흘 동안 금식하면서 기도하면 거기에 맞는 내 안의 작은 영이 나가게 해주셨고 영의 크기 따라 조금 큰 영은 열흘 금식할 때도 있고 스무 날 동안 할 때도 있습니다.

멈추지 않고 그때그때 필요한 만큼의 날을 정하며 그 영을 놓고 금식하며 영을 내보내는 데 집중하여 기도하면서 내 행동도 바꾸려고 노력했을 때 하나하나 내 안의 영이 정리되면서 내 생각과 행동 모두 변해갔습니다. 이렇게 영들을 내보내며 나 자신이 변화되는 데 삼십 년의 세월이 흘렀습니다.

내 삶에 반복적으로 나쁜 일이 일어난다는 것을 알았을 때 내 안에 영이 있다는 사실을 알게 되었습니다. 왜 나쁜 일이 항상 똑같이 반복적으로 일어나는 걸까에 대해 골똘히 생각하게 되었습니다. 사람을 새로이 만나 관계가 좋아지면 어느 날 싸우게 돼서 헤어지게 됩니다.

하루는 친구와 싸우고 집에서 가만히 생각해 보았습니다. 왜 이런 일이 반복적으로 일어날까 생각하던 중 그동안 이와 같은 현상이 몇 번 반복적으로 일어났다는 것을 알게 되었습니다. 내 인생에서 이렇게 반복적으로 나쁜 일이 일어난 게 한둘이 아니었습니다.

나중에 알게 되었는데 영, 마귀들이 내가 살아있으면 자신들의 정체가 낱낱이 까발려지게 되고, 자신들이 설 곳을 잃게 되니 애초에 나를 죽일 작정으로 나를 나쁜 길로만 인도하여 스스로 죽거나 병 걸려 죽게 만들려는 계획이었던 것입니다. 나는 영, 마귀의 계획대로 살아가면서 하나님이 주는 지혜로 그들이 어떻게 작정을 세우고 인간을 주관하는지 알게 된 것입니다.

하나님은 내가 영에게 엄청나게 시달리며 마음이 아픔을 당할 때마다 왜 이런 일이 일어나는지, 어떻게 해야 하는지를 알게 해주었습니다. 나를 죽이려는 영들과 하나님 사이에서 나는 삼십 년 세월을 죽지도 살지도 못하는 고통을 겪으며 지냈지만 고통과 힘듦 속에서도 하나님이 알려주는 것을 깨달았을 때는 기쁘기도 했습니다.

'아! 영들이 이렇게 인간과 살고 있고 인간은 아무것도 모른 채 영에 의해 살고 있구나' 하는 생각이 들었고 하나님이 내게 말씀하셨습니다.

"네가 겪으며 알게 된 영의 정체들을 사람들에게 알려라."

삼십 년 세월을 내 안에 영을 전부 내보내려고 하나님과 씨름하며 살았습니다. 이제는 나를 괴롭히는 영은 전부 해결되었지만 마지막까지 끝까지 포기하지 않고 있는 영 하나가 해결이 안 되고 있었습니다. 나를 괴롭히지도 못하고 끝까지 나를 놓지 않고, 없는 기운을 마지막 힘을 다하여 내 속에서 운행을 하였습니다.

워낙 기운이 없는 상태에서 나에게 나쁜 일을 주게 해도 나는 그 영이 어떤 일을 어떻게 하는지 다 아니까 바로바로 대적해서 나쁜 일을 없애기도 하지만 이 영이 어떤 일을 하나 신경 쓰며 지내니 성가시고 괴로웠습니다.

이 영이 완전히 나가야지만 내 삶이 완전히 변하는데 나가지 않고 버티고 있으니 마음이 말할 수 없이 속상한 상태였습니다. 날마다 왜 안 보내주느냐며 하나님께 화를 내보기도 하고, 언제까지냐고 투덜거리면서도 금식은 끝까지 하루도 안 빠지고 하였습니다.

"내가 무엇을 어떻게 해야 완전히 깨끗이 해줄 겁니까?"

나는 금식기도를 하며 하나님과 씨름하며 세월을 보냈습니다.

기도하며 하나님이 내게 뭐라 말씀하는지 그 말에 순종해야지만 하나님 허락하에 영이 하나하나 정리됩니다. 무조건 작정하며 기도하며 선포한다고 나가는 것이 아닙니다. 그 순간 나갔어도 다시 들어옵니다.

교회에서 작정하며 또는 날마다 기도할 때 내가 죽고 내 변화 있는 삶이 동반되지 않으면 날마다 많은 시간 기도한다 해도 그 기도는 잘 이루어지지 않습니다. 기도할 때 내가 죽고 변하려고 노력하지도 않으며 소원을 비는 기도는 세상의 사람들이 복 비는 것과 무엇이 다르겠습니까? 하나님은 우리에게나 자신이 죽고 변화받는 데 목적이 있지, 어떤 소원을 비는 것을 해결해 주는 분이 아닙니다.

하나님은 너희가 구하는 필요한 것은 다 안다고 하셨습니다. 그런데 성도들은 복 비는 것을 작정하며 끊임없이 기도합니다. 이런 것은 다른 종교와 다를 바가 없기에 꼭 성전에 나와서 예배를 드려야만 하느냐고 조롱과 핍박을 당하는 것입니다. 성도들이 다른 종교들과 같은 행위를 하며 신앙생활을 하고 있기 때문입니다.

기도는 나 자신이 어떻게 죽어야 하는지 어떻게 변화해야 하는지를 놓고 노력하며 기도해야 하는데 지금까지는 어떻게 기도하는지를 알 수 없었습니다. 이제부터는 내 삶에 큰 고난과 격정, 혼란이 있다면 그것은 내 안에서 어떤 영이 이런 일을 만들었는지 제일 먼저 알아야 합니다. 그 영이 열심히 일하는 것은 내가 무언가 하고 있기 때문입니다. 힘든 환경에 기운 빠져 하지 말고 그 영을 하나님을 의지하며 싸워야 합니다.

어떤 한 사람에게 말했습니다.

“남편을 미워하면 당신의 자녀도 미움받고 불행하게 살게 됩니다.”

그러자 그게 나와 무슨 상관이냐고 대답합니다. 이 사람에게는 자신의 불행만 보이며, 나중이나 자녀의 안위는 보이지 않습니다. 지금 처한 상황에 몰입하여 그 상황만 보이는 것입니다. 불행한 환경을 멀리서 바라볼 수 있게 하는 것이 말씀이고 종교인 것입니다. 그러나 말씀을 활용할 수 없습니다.

부모가 덕을 쌓았어도 자녀가 인생을 잘못 산다면 그 덕을 다 받지 못합니다. 부모가 덕을 쌓지 못했어도 내가 인생을 바르게 잘 살고 있다면 힘이 들어도 때가 되면 복을 받을 수 있습니다. 그러나 대부분 그 부모에 그 자녀가 나옵니다. 덕을 베푼 부모에게는 덕을 베푸는 자녀가 나오고, 덕을 베풀지 못하는 부모에게는 덕을 베풀지 못하는 자녀가 나옵니다.

세상은 동그라미처럼 돌아갑니다. 내가 저 사람에게 베풀면 그 사람이 내게 갚는 것이 아니고 다른 사람에 베풀게 됩니다. 그 사람이 또 다른 사람에게 베풀어서 원만하게 돌아갑니다.

내 자식이 귀합니까? 남의 자식을 귀하게 대하십시오. 남의 자녀를 귀하게 대할 때 내 자녀가 귀한 대접을 받습니다. 남을 내 몸같이 위하며 베풀고 남의 자녀를 내 자녀처럼 위해줄 때 사자와 같이 뛰노는 천국이 되는 것입니다.

교회 다니기 시작하면서 집에 갇혀 살게 되었습니다. 날마다 집에 있었는데 내가 살고 있는 동네는 모두 맞벌이하며 사는 사람이 많았습니다. 아이들은 학교 끝나면 동네 골목에 모여 놀았습니다. 더운 여름 휴가철에 물놀이하러 가기 위해 짐을 차에 싣고 휴가 떠나는 가족이 많았습니다.

어느 더운 날, 휴가도 못 가고 더워서 땀을 흘리며 골목에 모여 놀고 있는 아이들이 눈에 들어왔고 마음이 안 좋았습니다. 그래서 여러 명 모여 있는 아이들에게 우리도 놀러 가자고 했더니 아이들이 모두 좋다고 하여 모두 데리고 놀러 갔습니다.

서울에 있는 코엑스 빌딩에 지하철 타고 가서 여러 가지 구경시켜 주고 배고프다 하면 햄버거도 사주고 마트 가서 아이스크림 통 뚜껑을 열고 마음껏 먹으라고 하며 사주기도 하였습니다. 그날 하루를 아이들을 위해 놀아주었습니다.

얼마 지나서 내 아들이 친구 고향이 섬이라며 놀러 갔습니다. 그곳에 친구 부모님이 며칠 동안 얼마나 잘 대접해 주었는지 정말 날마다 배가 터지게 맛있는 것을 먹고 재미있게 놀다 돌아왔습니다. 그 일이 있고 며칠 후에 하나님 음성이 들렸습니다.

“네가 남의 자녀를 대접했으니 너의 자녀가 남에게 대접받은 것이다.”

‘선을 심으면 선을 받는다는 것이 이런 것이구나’ 하고 알게 되었습니다.

어머니는 시어머니에게 박해를 받고 살아왔습니다. 날마다 어머니 구박받은 것을 억울하다고 하소연했습니다. 며느리를 맞았지만 시대가 변해 맘대로 구박할 수 없었습니다. 자신은 구박받고 살았는데 옆에서 재미있게 웃고 얘기하는 며느리를 보면 속상해하였습니다. 어떻게 하면 내가 당한 것을 며느리에게 똑같이 할 수 있나 할 때 내가 아주 좋은 표적이 되었습니다.

내 안에 영이 미워하라고 조종하고 어머니 안에 미워해야지 하는 영과 만나 어머니는 두 영이 하라는 대로 시키는 대로 본능대로 얼마나 잘 따라 했는지 모릅니다.

미워해라. 나눠주지 마라. 너 자신과 자식만 위해라, 너 남편, 며느리 미워해라. 이렇게 속삭이는 영의 명령대로 잘 따라 했습니다. 나는 얼마나 구박을 받았는지 모릅니다. 따뜻한 밥 먹는다고 호통을 칩니다. 나는 식은 밥을 먹거나 버리기 아까운 반찬을 먹어야 합니다. 내 행동 모든 게 다 미워서 항상 입을 빼쭉거리고 대놓고 나에게 조롱했습니다.

그런데 하나님은 내게 부모니까 한 달에 한 번 꼭 찾아뵙고 효를 다해라 하셨기에 명령을 거역하면 큰일 나는 줄 알고 명령을 따르기 위해 한 달에 한 번 꼭 찾아갔습니다.

내 주변에서는 왜 찾아가서 구박을 당하느냐며 가지 말라고 하였지만 나는 하나님의 관계 때문에 빠지지 않고 방문해서 갖은 구박을 당하곤 했습니다. 내가 하나님을 몰랐다면 있을 수 없는 상황입니다.

그런데 어느 날부터인가 내게 맛있는 것이 생기면 남편이 볼까 봐 감추었습니다.

“내가 왜 이러지? 왜 맛나고 좋은 것을 감추지!”

나 자신이 이상했습니다. 내 행동을 이해할 수 없었습니다. 하루는 어머니가 맛있는 걸 들고 나에게 들키지 않으려 어디에 감추어야 하나 하고 안절부절못하는 장면이 보였습니다.

“아! 내가 간다고 전화하면 맛있고 좋은 것을 내가 보기 전에 항상 감추었구나.”

어머니가 심어놓은 것을 내 영이 알고 그대로 그 어머니 자녀에게 내려갔습니다. 남편이 미웠고 맛있는 거 절대 주기 싫고, 무시하는 말만 하게 되고 어머니처럼 하지 말아야지 하고 애쓰지만 잘되지 않았습니다.

나도 모르게 미워하고 좋은 것을 주지 않으려고 하는 것이 너무나 괴로웠습니다. 어머니가 살아와서 미안하다 해야 풀릴 일인데 하나님이 미움을 풀라고 해서 날마다 금식하고 또 하고 삼십 년 지나니 겨우 마음이 풀리는 것 같습니다.

내 안의 영이 상처를 받은 것입니다. 내 머리로는 상처가 별거 아니라고 해도 내 영이 풀지 않으면 안 되는 것입니다. 내가 죽어야 내 영이 죽으면서 해결됩니다. 이렇듯 부모가 어떻게 사느냐에 따라 자녀의 인생이 결정되는 것입니다. 교회에 나와 말씀 듣고 본능대로 살지 않으려고 노력하며 말씀대로 살아야 합니다.

어머니도 종교가 있어서 배웠다면 그렇게 본능이 가르치는 대로 살지 않았을 거라 생각이 듭니다. 종교를 갖고 배웠더라면 그렇게 영이 시키는 대로 하지 않았을 것을 하는 아쉬움이 많이 듭니다.

어머니 덕분에 너무나 많은 영의 흐름에 대해 알게 되었습니다. 내가 한 행동이 그대로 내 발등에 떨어진다는 것을 배웠습니다.

## 기도의 방법

모든 말씀이 기도해야 한다고 합니다. 그러나 어떻게 기도해야 하는지 알 수 없습니다. 하나님의 명령이면 모든 마귀, 귀신이 꼼짝 못 한다고 합니다. 하나님 이름으로 기도하면 모든 마귀가 알아서 저절로 다 없어진다고 알고 있습니다.

그러나 주님 이름으로 기도한다고 해서 무조건 나가지는 않습니다. 지금은 주님의 허락하에 합법적으로 활동하는 시기이기 때문에 무조건 나가지 않고 나가야만 하는 합법적인 논리가 있어야 합니다.

그러니까 '너 나가!' 한다 해서 순순히 안 나갑니다. 영, 마귀들이 스스로 '아! 이제 정말 가야 하는구나'라고 체념할 때 스스로 나갑니다. 그러나 나가야 한다고 체념하기 전까지는 너무나 힘든 과정을 겪어야 합니다.

영들은 나가는 것을 정말 싫어합니다. 떠나는 것은 자신들이 거할 곳을 잃어버리게 되는 것이므로 절대로 떠나지 않으려고 버틸 수 있을 때까지 버팁니다. 우리 인간이 아무 생각 없이 주님 이름으로 명하니 나가라 한다고 순순히 나가지 않습니다.

그러면 이 영은 자신을 나가라 하며 괴롭혔기에 화가 나서 기도한 사람에게 화풀이합니다. 생각 없이 기도한 자는 알게 모르게 나쁜 일을 겪게 됩니다.

어떤 성도는 길을 가면서 건물에 대고 예수 피를 뿌리며 마귀 떠나라 기도하며 걸었다고 합니다. 이런 행동은 너무나 위험한 일인 것입니다. 건물마다 상주하고 있는 마귀들이 화가 나서 이 기도한 자에게 나쁜 일이 일어나게 합니다.

우리는 귀신의 정보나 지식 없이 주님 이름으로 기도하면 마귀가 벌벌 떤다며 좋아합니다. 이렇게 생각 없이 마귀 대적 기도는 하면 안 됩니다. 교회 다니지 않는 사람을 보면 무조건 기도부터 합니다.

"저 사람 교회 나오게 해주세요."

안 나오는 사람을 교회에 나오라고 기도할 때는 내가 영의 공격을 이길 만큼의 기도 능력이 있나 돌아보고 그 사람을 꼭 나오게 해야 한다는 굳은 사명을 갖고 죽으면 죽으리라는 각오를 하고 기도하며 전도해야 합니다. 지금 교회는 전도 대상자 이름을 놓고 중보기도를 합니다.

"주님, 누구누구를 교회 나오게 해주세요."

그러면 그 사람과 같이 살던 영이 화가 납니다. 네가 왜 기도해서 나를 괴롭히느냐 하며 기도자를 공격합니다. 그 전도자의 강한 영이 공격도 이겨낼 수 있는 각오가 있을 때 기도해야 합니다. 아무나 함부로 생각 없이 그 영들을 괴롭히는 기도를 하면 안 됩니다.

성도들은 하나님 자녀이고 예수 이름이면 마귀, 귀신이 벌벌 떨고 도망간다고 교육을 받아서 예수 이름으로 마귀 나가라 하면 모두 나간다고 알고 있어 아무 생각 없이 기도를 합니다.

상대방을 위해 안위를 기도하는 것은 괜찮지만 교회 나오게 해달라고 무심히 기도하면 상대방에게 있는 영이 그 기도 소리에 자신이 나가야 하니까 나가기 싫어 화가 나서 기도하는 사람을 공격합니다. 집안에 싸움이 일어나거나 사고가 나거나 하는 등의 소소한 안 좋은 일이 일어납니다.

그래서 아무나 무심히 그 사람 교회 나오게 해달라는 식의 기도를 하면 안 됩니다. 그 사람을 꼭 전도해야겠다는 사명을 가지고 기도를 할 때 나도 그 영의 공격이 있으리라는 것을 알고 막을 힘도 키우며 기도해야 합니다.

내 안에 많은 영들을 내보내고 나니 행동과 생각과 말하는 것 모두 변했습니다. 그 많은 영은 내 안에 뿌리가 있어서 다시 원상태로 돌아옵니다. 이 영들이 다시는 돌아오지 못하게 하는 방법은 내 안에 뿌리를 제거하는 것입니다.

마지막 남은 뿌리를 정리해야 하는데 정말 힘들고 어렵습니다. 이 뿌리는 나 자신인 것입니다. 내 안에 있는 나 자신입니다. 내가 죽어야만 해결되는데 죽기가 너무나 어렵습니다. 금식하고 또 금식해서 죽이면 마지막으로 나가게 되는데 나갈 때는 그냥 나가지 않습니다. 내 주변이나 나 자신에게 화풀이하며 나갑니다. 미리 나갈 때 어떻게 피해를 최소화하며 나가라고 주님께 기도해야 합니다.

내가 죽어야만 다시 태어나 새로운 삶을 살 수 있다고 알고 있어서 '죽어야 한다, 죽어야 한다' 했지만 아무리 죽으려고 해도 죽지 않아서 하나님께 물었습니다.

"하나님, 도대체 어떻게 해야 죽을 수 있습니까?"

묻고 또 물으며 지냈습니다. 하루는 막연히 '나 자신이 사랑받아야 한다'라는 생각이 들어 나의 이름을 부르며 '사랑해, 사랑해' 계속했더니 내 안에서 짜증을 내며 '하지 마' 하더니 '사랑해'라고 말하는 것을 잃어버리게 했습니다.

한참 지낸 후 알게 된 것은 내 안에 영이 무엇인지 알지도 못하면서 진심으로 사랑하는 마음도 없이 입으로만 사랑한다고 말하는 것을 아주 싫어한다는 것입니다.

죽는 방법을 알려고 노력하며 지낼 때 결론을 알게 됐습니다. 내 안의 영이 어떤 영인지 어떻게 해야 하는지 알게 되고 그다음 진심으로 사랑하는 마음으로 사랑한다고 말할 때 내 안에, 즉 뿌리로 있던 영이 지금껏 나를 나쁜 일로만 인도하던 일을 바꾸어서 좋은 일로 인도하는 것입니다. 팔자가 바뀌는 것입니다.

날마다 금식하며 하나님 말씀대로 생각하며 행동하려고 노력하며 기도하면서 세월이 흐르고 때가 되니 갑자기 순간적으로 기쁨으로 바뀌었습니다. 기쁨으로 바뀐 다음 내 안의 영이 정말 사랑스러워 '사랑해, 사랑해' 하니 내 주변이 환하게 바뀌었습니다.

## | 힘을 받는 신

하루는 무당에게 점을 보러 갔는데 앞으로 안 좋은 일이 있을 테니 굿을 하면 안 좋은 일을 피할 수 있다고 합니다. 굿은 무당 각각에게 실려 있는 신을 놀려줍니다. 나름대로 큰 신을 갖고 있는 무당도 있고 작은 신을 갖고 있는 무당도 있습니다.

개인 성향에 맞게 신도 그 사람의 그릇에 맞게 있습니다. 큰 신을 모시고 있는 무당은 큰 굿을 해야 한다 합니다. 무당이 굿을 할 때는 자신이 모시고 있는 신 앞에 갖가지 음식을 차려놓고 음악과 함께 그 신을 기쁘게 해줍니다. 제사보다 규모가 크다고 할 수 있겠지요.

자신에게 있는 신에게 음식과 음악을 바치면서 한바탕 놀아주면 그 신은 받아먹은 만큼 일을 합니다. 많이 받았으면 소원을 많이 들어주고 적게 받았으면 적게 들어줍니다. 굿을 해서 안 좋은 일이 조금 나아지기도 합니다. 반대로 잘못 하면 더욱더 안 좋아지며 뒤집어지기도 합니다.

굿을 할 때도 일을 주관하는 자의 마음가짐과 덕을 보려는 자의 그릇이 맞을 때 그 신도 일을 할 수 있습니다. 일을 주관하는 자나 받으려는 자의 마음의 그릇이 나쁘면 그 신도 아무리 받아먹어도 일을 할 수 없습니다.

대선 때 있었던 일을 소개하려 합니다. 우리나라는 주기적으로 힘든 일을 겪는다고 합니다. 그래서 그런지 국민들이 아주 힘든 일을 겪는 시기가 되었습니다. 나라와 가정이나 개인이나 힘든 시기가 같이 된다는 것은 아주 나쁜 영의 힘이 강해진다는 것을 의미하고, 나쁜 영에 의하여 살게 되는 것입니다.

신의 힘이 아주 강해져서 마음껏 일하는 시기입니다. 나라를 힘들게 하는 방법은 국민의 대표를 조종하여 온 국민이 고통 속에 빠지게 하는 것입니다. 나쁜 일을 만드는 신이 자신이 조종하기 쉬운 한 사람을 택합니다.

이 사람의 사상이나 성격이나 행동 모두 신이 조종하기 아주 좋은 사람을 선택하여 국민의 대표로 만들어서 마음껏 조종하는 대로 행하게 합니다. 국민은 고통의 신음이 하늘에 울립니다. 이 나쁜 영이 일을 할 때를 대비해 한 사람을 예비해 놓아 이 나쁜 신이 하는 일을 대적하게 했습니다.

이 대표가 다음에 한 번 더 하게 되면 더는 버틸 수 없고 무너지는 것을 알고 모든 사람들이 나라를 구해 달라고 간절히 기도하였습니다. 날마다 조마조마한 마음으로 선거가 어떻게 돼 가는지 항상 신경 쓰며 듣고 있었습니다.

나쁘게 만드는 신이 승리하여 나라가 완전히 나빠질 것인지 구사일생으로 나쁜 신을 막아낼 것인지 갈림길에 있어 나라를 살리고 싶은 사람들을 모두가 한마음으로 살려 달라고 기도하였습니다.

하나님은 이 기도를 들어주시려고 작업을 하였습니다. 두 사람이 합쳐야만 이길 수 있는데 합치지 않는다면 실패라는 마음이 강하게 와서 언제나 합치려나 하며 소식을 들었습니다. 금방 합칠 것 같았는데 점점 갈라지고 있었습니다.

이제 되겠지, 조금 후에 되겠지 하며 지내는데 하루는 하나님이 나를 기도처로 부르셨습니다. 보통은 예배를 드리면서 중간 정도에 하나님 뜻을 알고는 하였는데 그때는 하나님도 얼마나 급한지 예배당 문을 열고 들어서는 데부터 급한 음성이 들렸습니다.

"그들이 일을 했다. 그래서 그 신의 힘이 강해져서 합치지 못하게 계속 마음 아프게 만들어서 합치기 힘들어졌다. 기도해라."

이제 날짜가 얼마 남지 않았습니다. 닷새 동안 금식을 하며 두 사람을 방해하는 신의 힘을 약하게 하려고 온 마음을 다해 기도했습니다. 닷새가 지나고 그다음 날 합치지 못하게 심한 말을 하던 사람의 잘못이 낱낱이 드러나서 다시는 마음 아프게 하는 말을 못하게 되었습니다.

이 신은 그 사람에게 계속 험한 말을 해서 상대방 마음을 아프게 하라고 조종했던 것입니다. 그 사람은 시키는 대로 아주 열심히 떠들었던 것입니다. 이제는 합치게 되겠지 하며 기다렸습니다.

그때까지는 일을 했는지 모르고 있었고 그럴 리가 있나 하면서 하나님이 기도하라 하시니 기도했습니다. 며칠 후에 일한 장면을 사진으로 봤는데 정말 어마무시하게 소름 돋을 만큼 큰일을 하였습니다. 그러니 그 신의 힘이 얼마나 강하고 강했겠습니까?

그 신이 상대방에게 와서 조종해 대니 인생 경험이 적은 사람은 그대로 하라는 대로 충실히 행동하여 상황이 파국으로 향해 달려갔던 것입니다. 두 사람이 만나기만 하면 해결될 일인데 만나지 못하게 하며 사람들이 할 수 있는 모든 방법을 다해도 합쳐지지 않고 더욱더 멀어졌습니다.

완전히 끝났다고들 생각했습니다. 일을 한 자들은 자신들이 일한 덕으로 성공하였다며 좋아하였습니다. 그들이 승리하는 것 같았습니다. 그때 내 생각에는 완전히 끝났으니 이제 하나님이 일을 시작할 때구나 싶기도 했습니다.

"하나님, 이제 합치게 해주세요."

하지만 하루하루 지나가도 합칠 기미가 안 보이며 더 멀어져 갔습니다. 마음이 초조해졌습니다.

"하나님, 이렇게 많은 사람들이 기도하는데 저 신을 왜 이길 수 없는 것일까요?"

그러자 하나님의 음성이 들렸습니다.

"저 마귀를 이길 수 있는 것은 사랑이다."

상대방을 합치지 못하게 하는 신, 마귀에게 나가라고 소리를 지르기만 했는데 상대방의 영이 이 나쁜 신에 의해 이미 너무 상처를 받고 있었습니다.

"아! 가라고 꾸짖을 것이 아니고 성령의 불로 녹여야겠구나. 아픈 마음을 사랑해 주어야 되겠구나." 하는 생각이 들어 이 신에 의해 상처받아 힘들어하는 영에게 성령의 불로 녹여 달라 하며 '사랑해, 사랑해' 이렇게 계속하였습니다.

기도하던 중 그 영이 "말로써 내 마음을 너무 아프게 해서 내 마음이 상처가 나고 너무 아프다."라고 하더군요. 이렇게 나쁜 신이 마음 아프게 작용하면 우리 인간은 그 나쁜 신이 하는 것을 막을 수 없습니다.

영이 들어가 작용하면 인간은 그 영이 시키는 대로 행동할 수밖에 없는 존재입니다. 그래서 하나님의 사랑을 계속 부어 달라고 기도하였습니다.

어느 순간 울컥하며 무언가 나가는 것 같았습니다.

하나님은 또 다른 누군가 성도들에게 기도를 시켜 그다음 날 본인끼리 비밀 작전을 통해 극적으로 합치게 되었습니다. 일을 벌인 쪽은 자신들의 행동으로 합치지 못하고 자신들이 승리하길 기쁘게 기다렸는데 깜짝 놀랐겠지요.

하나님께 무조건 당선시켜 달라고 기도하여도 저쪽의 신이 합법적으로 들어왔기에 하나님도 무조건 "너, 나가."라고 할 수 없습니다. 영계의 질서라는 게 있습니다. 그래서 기도할 때 제대로 잘 알고 기도해야 합니다.

나라가 망하면 안 되고 모든 이의 기도를 들어주기 위해 여러 사람에게 작업을 하신 것입니다. 그런 영의 흐름과 정체를 알고 기도해야 합니다. 일을 한 자들은 나라를 망하라고 일을 했으니 일을 사주한 자나 일을 벌인 자 모두 그에 합당한 대가를 받게 될 것입니다.

자기 안위만을 위해 합당하지 않은 일을 한다면 그 대가는 반드시 받게 됩니다. 이것이 하늘의 이치이고 영계의 흐름입니다. 사람에게만 법이 있는 것이 아니고 영계에도 법이 있는 것입니다.

옳지 않은 곳에서 신의 힘을 빌리면 그 대가가 따르는 것입니다. 내가 이 사건을 소개하는 것은 상대방이 어떤 일을 하는지 알고, 영이 어떤 것인지 제대로 알고 대적하며 기도해야 하기 때문입니다. 그러나 지금까지 성도들은 적의 정체를 모르고 하나님께 들어 달라고 부르짖기만 했습니다.

선거 날 며칠 전에 내게 사흘간 금식기도 하라는 사인이 왔습니다. 그런데 큰 차이로 이긴다고 걱정하지 말라고 다 큰소리쳤기에 기도 안 해도 이길 수 있겠네 하며 안 하려고 했습니다. 하지만 아침에 일어났는데 해야 한다는 강한 마음이 와서 삼 일 동안 기도를 잘 마쳤습니다. 안 했다면 어쩔 뻔했나 가슴이 내려앉았습니다.

살아가면서 장사를 한다든지 사업을 하고 영업을 하며 돈에 관한 일을 할 때 처음엔 잘되다가 점점 어려워지면서 앞이 막혀서 깜깜해져 하던 일을 정리한다든지 파산한다든지 죽든지 하게 되는 경우가 있습니다.

일이 점점 안되면 어떻게든 해보려고 무지하게 애써보지만 해결이 안 됩니다. 그러면 팔자고 운명이다 하며 포기합니다. 왜 망하는지를 모른 채 말입니다. 장사나 사업이 잘되는 것은 내 안에 내 영이 도와주어서 잘되는 것입니다.

또한, 장사나 사업이 안돼서 망하는 것 역시 내 안의 영이 방해해서 망하게 만드는 것입니다. 내 영이 망하게 만들 때는 어떤 방법을 다 동원해도 절대로 아무것도 회복되지 않습니다.

왜 그런지 이유를 모르니 더 답답합니다. 잘하던 사업이나 장사가 안될 때는 나 자신을 바라봐야 합니다. 내 영에게 왜 안

되게 막아대는지 물어보아야 합니다. 물어볼 때도 교회를 다니는 사람이나 안 다니는 사람이나 금식기도를 해야 합니다.

금식은 내 육신을 죽이는 것인데 내 육신이 왕성하면 내 안에 영이 힘이 왕성해서 내 생각, 내 귀, 내 눈을 가려 놓습니다. 그래서 내가 바르게 생각할 수도 없고 들을 수도 볼 수도 없습니다.

그러나 금식할 때만큼은 잠시라도 내 육신이 죽으니 내 안의 영도 기운을 잃어 활동하지 못하고 가만히 있습니다. 그럴 때 나는 바른 생각과 함께 바르게 들을 수 있고 볼 수 있게 됩니다.

사흘 금식하게 되면 그동안은 아무런 변동이 안 일어납니다. 마귀나 영이 나가지 않습니다. 사흘이 지나고 다음 날이나 그다음 날 이틀 동안 마귀가 나가든지 바른 마음을 느끼든지 하게 됩니다.

금식기도 동안은 아무 일도 일어나지 않습니다. 끝나고 다음 날이 되어야만 응답이 되어서 깨닫게 됩니다.

왜 지금 하는 일이 안 되게 하는지 물어보면, 첫째는 내 안의 영이 싫어하는 종목을 선택하면 안 되게 합니다. 가령 이 영은 옷과 관련된 일을 하면 많이 도와주려고 하는데, 옷과 반대되는 먹는 것이라든가 돈에 관한 일 등을 하면 이 영은 화가 나서 사정없이 막아대는 것입니다.

둘째는 아무것도 하지 말고 자신만을 위해 달라는 경우로 무엇을 하든지 막아댑니다. 이런 경우는 무당이나 목자가 되어야겠지요.

셋째는 무조건 나 자신을 나쁜 길로 이끄는 영도 있습니다. 나에게 좋은 일이 있으면 막아내고 나쁜 일만 가져다주는 영이 있습니다.

내게 이런 영이 있어서 단 한 가지도 좋은 일이 없었습니다. 영이 나 자신을 나쁘게 만듭니다. 얼마나 빠르게 쉬지도 않고 앞서서 빠지지도 않고 좋은 일을 겪지 못하게 활동합니다.

내 안의 영이 나를 그렇게 만든다는 것을 모를 때는 죽고만 싶었습니다. 기도하며 알게 됐을 때는 이 영의 활동을 알면서도 막지 못하며 당하면서 억울하고 약 오르고 해서 욕을 해대기도 하며 이 영과 씨름을 해보아도 꿈쩍도 하지 않습니다. 이렇게 나쁘게 만드는 영이 있는 사람은 열심히 아주 열심히 기도하라는 것입니다.

내 안에 있는 영은 자신이 있는 육신을 잘 보존해야만 그 안에서 활동할 수 있기에 자신이 있는 육신이 잘 지낼 수 있게 지켜 줍니다. 병이 걸릴까 봐 건강염려증에 걸릴 만큼 자신의 건강을 돌보게 하고 오래오래 무병장수하기를 바랍니다.

## | 육신만을 위하는 영

은혜를 받을 때는 꼭 그 은혜를 갚아야지 하는 생각을 합니다. 그러나 내가 손해를 보게 되면 영은 자신이 있는 육신이 손해 보거나 잘못되는 것을 바라지 않기에 '손해를 보면서까지 은혜를 갚아야 하나?' 하는 생각과 함께 '자신 먼저야!' 하는 마음을 심어주어 은혜 갚으려는 생각을 지워 버립니다.

그리고는 자신의 안위만을 위한 행동을 하게 됩니다. 영이 하고 싶은 대로 인간은 따라 하게 되는 나약한 마음을 갖고 있습니다.

삼십 년을 미친 듯이 물질 달라 기도했지만 절대로 응답되지 않았습니다. 아무리 정당한 기도를 해도 하나님이 내게 바라는 바가 있어 그 뜻을 이룰 때까지 절대로 들어주지 않습니다.

반면 한 번 기도로 뚝딱 들어주는 경우도 있습니다. 그 사람은 선대 기도가 쌓여있고 그 자신도 자신에 맞게 기도하기 때문에 잘 들어주는 것입니다. 아무리 해도 기도 응답이 없는 자는 하나님과 나와의 관계를 잘 돌아보아야 합니다.

내 기도가 응답되지 않는 이유는 복을 받지 못하게 내 안에 있는 영이 열심히 일을 해서 아무리 복을 달라 기도해도 막아 대고 있기 때문입니다. 기도 응답을 받으려면 방해하고 못 살게만 이끄는 이 영을 죽이려고 노력해야 합니다.

"주님, 어떻게 해야 이 영을 죽일 수 있습니까?"

이렇게 기도하는 것이 먼저입니다. 선대에서 기도가 많이 쌓여있는 사람은 첫째로 이렇게 미친 듯이 마구 방해하는 영이 내 안에 있지 않습니다. 둘째, 나를 도와주려는 영이 나와 함께 살아가기 때문에 내가 조금만 기도해도 하나님에게 이미 결제가 된 상태이니 도와주려던 영은 마음껏 기도 응답을 도와줄 수 있는 것입니다.

신앙생활을 열심히 하며 사는 사람이 어려움을 겪게 되면 열심히 기도하는데 왜 어려움이 있고 겪게 되느냐 이런 질문을 받습니다. 기도 열심히 한다고 어려움이 없어지지 않습니다. 왜냐하면 인간은 살면서 생로병사가 있고 희로애락, 길흉화복을 겪으며 살게 되어 있기 때문입니다.

피할 수 없이 함께 살아가는 것입니다. 내게 나쁜 일이 있을 수 있고 행복이 있을 수 있습니다. 좋은 일은 즐겁게 받아들일 수 있지만 나쁜 일은 겪지 않고 지나가기를 바랍니다.

나쁜 일이 내게 있을 거란 것을 감지하고 많은 기도를 통해 약하게 지나가게 할 수도 있지만 나쁜 일은 내게 아주 안 좋은 일이 일어나게 만드는 영이 나쁜 길로 인도하는 것입니다.

인간은 영이 하는 일을 미리 알 수 없습니다. 영이 내게 나쁜 일을 주면 그것을 겪으면서 기도하여 이길 힘을 얻어 헤쳐 나가는 것입니다. 날마다 기도한다고 길흉화복이 내게서 그냥 지나가는 것이 아닙니다.

나는 소설책을 아주 많이 좋아해서 국내 어지간한 소설을 모두 읽었습니다.

읽던 소설책 중에 지금도 잊히지 않는 글이 있습니다.

한 작가의 소설을 좋아해서 그분의 책은 거의 읽어 봤고, 그분의 삶을 돌아보며 적은 글 또한 읽어 봤습니다.

그 글 속에서 아들이 출근하다가 교통사고로 떠나갔습니다.

그 일을 겪은 그 시점의 참담함이 그 글에 있었습니다.

출근한다고 자동차를 타고 손을 흔들며 인사하던 아들이 조금 후에 주검으로 왔을 때 그 심정은 "아니 딸은 많이 있는데 그중 한 명이 가면 몰라도, 왜 딱 하나 있는 아들이 가야 하는지"를 외치며 몸부림쳤습니다. "왜, 왜 아들이야?"를 묻고 또 물으면서 그 마음이 도저히 안정이 안 되고 괴로워할 때 수녀님이 피정을 가자고 해서 수녀님 따라 갔습니다.

그곳에서 마음만 조금 안정되어 집으로 왔다고까지만 적혀 있었습니다.

그 책을 다 읽고 나서 나도 너무나 궁금했습니다.

너무나 궁금했습니다.

나는 너무나 궁금하여 날마다 하나님께 물어보았습니다.

하나님, 왜 딱 하나 있는 아들일까요? 왜 그럴까요? 왜 그럴까요?

날마다 물어보았습니다.

며칠이 지나서 하나님은 내게 그 작가님이 예전에 시어머니와 같이 생활하던 그때를 소소하게 적은 책이 있어 읽은 적이 있는데 그 책을 떠오르게 했습니다.

그 책에는 시어머니에 대해 자세히 적혀 있었는데 그중에 아들이 은행원인데 빳빳한 새 돈이 있으면 항상 어머니에게 용돈을 주었습니다.

어머니는 빳빳한 새 돈을 받으면 달려가는 곳이 있었습니다.

이웃에 사는 무당에게 찾아가 무당이 모시고 있는 신에게 새 돈을 바치고 기도했습니다.

헌 돈이 있어도 항상 다리미로 다려서 새 돈처럼 해서 무당집에 찾아가 신에게 돈을 바쳤습니다.

너무나 정성스럽게 새 돈만 보면 그 신 앞에 바치는 것이 그녀의 일생이었습니다.

내게 그 부분을 생각나게 해주었습니다.

어머니에게 정성껏 대접받던 그 신은 그 자녀들이 계속해서 정성껏 대접해 줄 것을 기대했습니다.

그러나 자녀들은 어머니가 하던 일이니 어머니가 안 계시게 되어 그것으로 끝난 것으로 모두 잊었습니다.

그냥 어머니가 좋아서 열심히 했던 일인가 보다 하고 전혀 신경 안 쓰고 잊어버립니다.

신이란 존재가 있던 것조차 모르고 살아갑니다.

그러면 어머니에게 그렇게 지극정성으로 대접받던 그 신은 어머니가 없다고 그 신도 없어지는 것은 아닙니다.

그 신은 후손이 자기를 대접해 주기를 기다립니다. 기다리다 이제는 저들이 나를 섬기지 않는구나를 알게 되면서 그 집에서 떠나가려고 합니다.

그러나 지극정성으로 대접받았었는데 자기를 무시하는 자녀들이 괘씸해서 나가면서 화를 내고 나가는 것입니다.

지극정성 대접받은 만큼 화가 나는 것입니다.

조금 대접받았으면 적게 화를 내고 나갔을 텐데 그 어머니는 너무나 열심히 지극정성으로 모셨기 때문에 그 신이 너무나 화가 나서 몇 명 중에 하나가 아닌 단 하나 있는 것을 치고 떠나간 것입니다.

교회 하나님 이외의 신을 섬기던 부모들은 이 세상을 떠나기 전에 반드시 그 신의 존재를 처리하고 가야 합니다. 자녀가 대를 이어 섬기겠다면 모를까 자녀가 모른다 하면 반드시 자신의 방법대로 처리하고 가야 합니다. 그러지 않으면 자녀들이 이유도 모르고 알게 모르게 고난을 당하며 살아가게 됩니다.

우리는 아무 생각 없이 빌고 섬기고 합니다. 무슨 주둔을 외면 좋은 일이 온다, 어떠한 물건을 갖고 있으면 돈 들어온다 하며 크고 작은 것들을 섬기고 비는 것입니다.

그 당시에 크고 작은 복을 가져다줄 것입니다. 그러나 복을 받아서 좋아하지만 금방 그 사건을 잊어버립니다.

복을 가져다 준 그 영, 신들은 자신들을 끌어들였다가 잊어버린 사람에게 복을 주던 것보다 조금 더 크게 화를 주고 떠나갑니다.

그러니 아주 작은 주문이라도 생각 없이 재미로 하면 안 됩니다.

크고 작은 신들이 붙어있다 떠나갈 땐 크고 작은 나쁜 일을 주고 갑니다.

공짜는 좋아하면 안 됩니다. 공짜는 절대로 없습니다.

공짜의 대가는 반드시 있습니다.

인간은 태어날 때 어떻게 살아갈 것인가 정해져서 이 세상에 나옵니다.

정해진 사주팔자대로 살아가게 되어있습니다.

정해진 대로 살면서 종교로 배움으로 자신의 운을 조금씩 바꾸면서 견디면서 살아갑니다.

하나님에게 기도한다고 무조건 좋은 일만 일어나게 해주지 않습니다.

애국 일을 열심히 하는 사람이 있습니다.

오직 나라를 위해 열심히 하기에 나도 항상 응원합니다.

그런데 그분에게 있는 영의 기운을 모른 채 열심히 하는 것이 안타깝습니다.

아무리 몸과 마음을 진심을 다해 애국하지만 너무나 몰라주는 사람이 많습니다.

그 안에 헤쳐 놓고 배반시키는 분탕 영이 있어 아무리 열심히 해도 결과가 흩어지는 것을 보면서 많이 안타깝습니다.

열심히 해도 자꾸 힘든 일이 이어지니까 주님께 열심히 기도를 합니다.

자신 안에 있는 영의 기운을 죽여야 기도를 해도 잘 이루어지는 것인데 내 영의 기운이 강하게 움직이는데 기도한다고 그 영의 기운을 하나님 마음대로 누르고 기도한 대로 이루어지게 해주는 것이 아닙니다.

그분의 안에 흩어놓는 영이 자리 잡고 있어 큰일을 하려고 하면 자꾸 흩어 놓아 마음 아프게 합니다.

"왜 저들은 나와 같이하지 않는 걸까? 나와 함께해야 잘 이루어질 텐데." 하며 안타까워하는데 그들이 함께하지 않는 것은 그분의 영 때문입니다.

그 영을 죽여야 기도한 대로 모두 잘 이루어질 것입니다.

## | 헌금에 대해

헌금은 교회 주의 종을 위해서 하나님에게 드리는 것으로 알고 있습니다.

돈이라는 것은 많은 생각을 하게 하며, 꼭 해야 하느냐는 물음도 많습니다.

하나님은 당신의 종을 위해 만든 법이지만 또 한편으로는 영, 마귀, 신들을 대적하는 데 필요한 룰을 만들었습니다.

돈은 내 생명입니다. 금식은 생명을 내어놓으며 하는 기도이며 돈을 드리는 것도 생명을 내어놓는 것입니다.

영이나 마귀들은 인간이 생명을 내어놓는 기도를 해야 자기들만의 생각이라는 것을 합니다.

'이 인간을 그만 놓아줘야 하나? 더 있다 나갈까?' 이런 것들을 생각하게 만드는 것이 금식기도와 헌금인 것입니다.

그래서 은사 있는 목회자의 기도와 금식기도와 헌금의 삼박자가 맞아야 내 안의 영을 정리하는 아주 필요한 조건입니다.

십일조를 드려야 물질을 쌓이지 못하게 하며 흩어지게 만드는 영의 힘을 죽여서 물질로 인해 힘들게 하는 것을 막아주는 역할을 합니다.

하나님이 헌금을 해야 인간이 영, 마귀들을 대적하는 힘이 주어지게 룰을 만든 것입니다.

거저 주라는 말에 기독교는 너무 공짜로 받는 것이 당연시 되어있습니다.

거저 주어라 하는 것은 내가 받은 성령을 전하는 것을 거저 하라는 것입니다.

영 하나를 처리하는 데 얼마나 많은 기도와 고통을 겪어야 하는데 거저 공짜는 없습니다.

돈은 내 생명이니 생명을 다해서 하나님께 간구해야 합니다.

## | 조상의 영

지금 현재를 살고 있는 우리는 좋은 영이 같이 사는 사람은 잘 삽니다.

반면에 나를 괴롭히는 조상의 영이 있는 사람은 얼마나 힘들고 어렵고 괴로운 인생을 사는지 모릅니다.

조상의 영이 나를 그렇게 나쁘게 만드는 것인지도 모르고 괴로운 인생에 한숨만 짓고 삽니다.

장사나 사업을 하는 사람이 처음에는 잘됩니다.

그러다 점점 잘 안되면 다른 업종으로 바꾸면 잘되려나 하고 다른 일로 바꿉니다. 그래도 안됩니다. 돈이 돌지 않아 여기서 만들어 저기를 메꿉니다. 자꾸만 사업체를 바꾸는 사람, 돈을 여기저기 돌리는 사람이 뭘 해도 잘 안되는 사람, 이런 사람들은 조상의 영이 나쁜 길로 몰아넣는 것입니다.

하다 하다 자신의 가족, 일가, 친척, 친구 주변의 모든 사람들도 힘들어지게 만들어 결국 자살하게 만듭니다.

아무리 해도 풀리지 않을 땐 너무 오래 버티지 말고 그 자리에서 모든 것을 내려놓고 하나님께 기도해야 합니다.

은사 있는 목회자의 인도와 금식기도와 헌금을 드리는 기도에 집중해야 합니다.

내일이 풀리지 않게 하는 영은 집요하고 그 힘이 강하여 일이 안되고 막다른 곳으로 몰아가는 일을 아주 힘차게 막강하게 일을 합니다.

이런 영에게 풀려나기가 정말 어렵습니다.

## | 헌금 체험

은사 능력 목회자가 있는 한 교회를 알게 되어 아주 가깝게 지냈습니다.

하루는 내 안의 영을 진단하고 내보내 주는 기도를 해준다고 하였습니다.

나는 기도는 헌금을 하고 받아야 한다고 배운 때라 그날 알바해서 번 돈 오만 원짜리 한 장을 헌금하고 기도를 받았습니다.

내게 기도를 한참 해준 목회자분이 작은 것들이 많이 처리됐다고 하면서 힘들게 알바해서 번 돈이니 가져가라고 나에게 오만 원을 내어 주었습니다.

나는 주는 돈이라 생각 없이 감사하다 하고 받았습니다.

그리고 며칠 후 알바하는 곳에서 실수를 잘 하지 않고 일을 잘한다는 말을 듣는 내가 큰 실수를 저질러서 대망신을 당하고 해고됐고 돈은 두 배인 십만 원을 변상했습니다.

왜 이런 실수를 했을까? 너무 속상해서 계속 생각하는데 내게서 나간 작은 영이 "너가 오만 원을 헌금해서 내가 나갔는데 그 헌금을 도로 가져갔으니 너는 한 푼도 안 낸 거네. 그래서 내가 화가 났어." 자신이 나가지 않아도 되는데 나간 것이 너무나 화가 나서 복수를 얼마나 잘했는지 정말 괴로웠습니다.

영은 인간보다 한 차원이 높기 때문에 우리를 공격하면 아무리 정신을 차려도 무방비로 당하게 됩니다.

영을 처리하는 데 목회자와 내 기도와 헌금 이 세 가지가 꼭 필요하다는 것을 절실히 알게 되었습니다.

010-5879-9639
emaryy7589@gmail.com
문자만 가능